Geldanlage und Börse ganz einfach.

So verdienen Sie mit!

www.tinto.de/geldtipps

Vielen Dank an meine "Börsenfreunde", mit denen ich über all die Jahre hinweg über Börse und Wirtschaft diskutiert habe und die mich mit ihrem umfangreichen Börsenwissen und ihren langjährigen Geldanlageerfahrungen unterstützten!

Geldanlage und Börse ganz einfach.

So verdienen Sie mit!

Eva Schumann

Hinweis

Alle Angaben in diesem Buch basieren auf sorgfältigen Recherchen und persönlichen Erfahrungen. Allerdings unterliegen die gesetzlichen und wirtschaftlichen Rahmenbedingungen sowie das Anlageproduktangebot Veränderungen. Alle Angaben im Buch sind daher ohne Gewähr. Das Befolgen von Ratschlägen und Tipps geschieht immer auf eigenes Risiko, jede Haftung ist ausgeschlossen.

Bibliografische Information der Deutschen Nationalbibliothek:
Die Deutsche Nationalbibliothek verzeichnet diese Publikation in der Deutschen Nationalbibliografie; detaillierte bibliografische Daten sind im Internet über http://dnb.d-nb.de abrufbar.

Geldanlage und Börse ganz einfach. So verdienen Sie mit!

Überarbeitete und erweiterte Neuauflage von "Börse ganz einfach. So verdienen Sie mit!" (letzte Auflage 2011 bei BoD)

Herstellung und Verlag:
BoD - Books on Demand, Norderstedt 2016
ISBN 978-3-8448-1186-5

Inhalt

Vorwort: Geldanlage und Börse verstehen

Wenn Sie Ihr Erspartes auf ein Sparbuch legen, dann erhalten Sie so gut wie keine Zinsen. Die Bank aber arbeitet mit Ihrem Geld und macht Gewinne. Mit diesem Buch lernen Sie, selbst Geld mit Ihrem Geld zu verdienen und dabei Technologien, Branchen oder Länder zu unterstützen, die Sie unterstützenswert finden.

Ich begann 1996 mit dem Handel an der Börse und weiß noch, wie schwierig es damals war, als völliger Neuling in Sachen Geldanlage und Börse an die notwendigen Informationen zu gelangen. Auch wenn das Internet heute vieles leichter macht, ist es für den Einsteiger angesichts der Fülle und oft zweifelhaften Seriosität der Informationen nicht einfacher geworden. Dieses Buch soll Ihnen den Einstieg erleichtern.

Mein Interesse an Aktien, Fonds und anderen Wertpapieren wurde damals durch das Aufkommen des Internets geweckt. Ich war sicher, dass sich da etwas Weltbewegendes tat und daran wollte ich teilhaben – nicht nur als Hobby-Webdesignerin, sondern ich wollte in die Firmen, die mich begeisterten, investieren und mit ihnen zusammen Geld verdienen. Als ich versuchte herauszufinden, wie das gehen könnte, stellte ich fest, dass alle Bücher und auch die Ansprechpartner bei meiner Bank davon ausgingen, dass ich den Börsenjargon beherrschte, dass ich wusste, was Handelsplatz, WKN, KGV etc. bedeuteten. Doch ich hatte nicht die leiseste Ahnung.

Das Internet selbst half, ich fand dort andere Börsen-interessierte und kam nach und nach an die Informationen, die ich brauchte. Natürlich zahlte ich auch einiges an Lehrgeld, aber ich fand ein sehr spannendes, neues Hobby, das mir half, meine Ersparnisse zu vermehren und dabei selbst die Kontrolle zu behalten, wem mein Geld diente.

Die erste Version von „Börse ganz einfach" veröffentlichte ich 1999 als Informationsmappe. Ich wollte damit anderen Börseninteressierten den Einstieg erleichtern. Doch bald nach Erscheinen der ersten Version überschlugen sich die Ereignisse: Anfang 2000 verursachte das Platzen der Dotcom-Blase starke Kurseinbrüche an den Börsen, die sich nach den Anschlägen des 11. Septembers 2001 weiter fortsetzten. 2002 wurde zudem in Deutschland der Euro eingeführt, was auch einige Veränderungen mit sich brachte. Während sich die Industrieländer ab 2003 eher langsam erholten, begann der Boom der Schwellenländer („Emerging Markets" in Osteuropa, Asien, Lateinamerika). Allerdings platzte 2007 in den USA eine Immobilienblase, was wiederum weltweit Auswirkungen auf die Börsen hatte. Die Informationsmappe „Börse ganz einfach" hatte ich zwischendrin zwar aktualisiert, doch entschloss ich mich, meinen Börsenkurs als Buch herauszubringen. Anfang 2008 war es so weit – „Börse ganz einfach. So verdienen Sie mit!" erschien und fand viele Leser.

Doch seit 2008 ist wieder viel passiert: Die geplatzte Immobilienblase wuchs sich zu einer Bankenkrise, dann zu einer weltweiten Finanz- und Wirtschaftskrise und in Folge auch zu Liquiditätskrisen im Euroraum aus. Es gab wieder Änderungen bei den gesetzlichen Rahmenbedingungen und inzwischen werden ständig neue Produkte für Privatanleger herausgegeben, sodass es immer schwieriger wird, den Überblick zu behalten. Es wurde jedenfalls Zeit, „Börse ganz einfach. So verdienen Sie mit!" wieder an die aktuelle Situation anzupassen. Und so gab es 2011 eine weitere Aktualisierung.

Inzwischen habe ich viele Krisen und Versuche mit neuen Anlageprodukten gut überstanden, was ich auch meinem übergeordneten Geldanlagekonzept zu verdanken habe, beispielsweise der Vorsicht, der Streuung und der Liquiditätsvorsorge.

So halten Sie nun eine erweiterte und überarbeitete Neuauflage des Buches in den Händen, das nun "Geldanlage und Börse ganz einfach. So verdienen Sie mit!" heißt.

Geld vermehren macht Spaß!

Auch wenn es angesichts der vielen Fachausdrücke und des speziellen Börsenjargons nicht so scheint: Geldanlage und Börse können ganz einfach sein und Spaß machen. Und wer eine zu ihm passende Anlagestrategie und in Bezug auf Aktien und Aktienfonds einen langfristigen Anlagehorizont hat, der braucht auch vor Krisen keine Angst zu haben.

Ich selbst habe vor etwa 20 Jahren als völlige Anfängerin mit dem Aktienhandel begonnen. Obwohl ich keine Ahnung hatte und am Anfang auch kein Interesse an Finanz- und Wirtschaftsthemen mitbrachte, hatte ich von Anfang an Erfolg an der Börse, zuerst war er zwar bescheiden, bald aber recht beachtlich. 1999 hat sich dann der Wert meiner Aktien in nur einem Jahr sogar um 135 % erhöht - das ist weit mehr als verdoppelt.

Doch ich will nicht die Hoffnung schüren, dass man regelmäßig solche Erfolge erzielen kann. Auch ich erlebte Zeiten, in denen es sehr tief in die entgegengesetzte Richtung ging – in den Jahren 2000 bis 2003 (Platzen der Spekulationsblase, Anschläge des 11. Septembers 2001) sowie 2008 als Folge der durch die Immobilienkrise ausgelösten Wirtschaftskrise.

Trotzdem hat sich mein Engagement an der Börse bezahlt gemacht: Die durchschnittliche Verzinsung meines eingesetzten Geldes über die Jahre war wesentlich höher, als es mit Sparbuch oder Rentenpapier möglich gewesen wäre. Wobei ich zugeben muss, dass es auch mehr Aufwand ist, ein Depot mit Aktien und Aktienfonds zu verwalten, als ein Sparbuch im Schrank liegen zu haben.

Um an der Börse erfolgreich zu sein, benötigt man keine Bankerausbildung. Etwas Allgemeinbildung, Neugierde und gesunder Menschenverstand reichen, den Rest lernt man von alleine – weil es Spaß macht!

Wie viel Aufwand nötig ist, um sein Geld sinnvoll anzulegen und an der Börse mit Aktien und Aktienfonds Geld zu verdienen, hängt von der persönlichen Anlagestrategie ab. Während ich in den ersten Jahren noch viel Aktionismus an den Tag legte, ständig Aktien gekauft und verkauft habe, bin ich heute eine ruhige „Investorin", die nur selten kauft und verkauft. Doch die Lernphase war hilfreich - sie war aufregend, hat riesigen Spaß gemacht und durch die Börse habe ich angefangen, mich für wirtschaftliche und finanzpolitische Zusammenhänge zu interessieren. Die Börse hat mich also in mehrerer Hinsicht bereichert.

Mein Anliegen ist es, mit meinen Büchern meine Erfahrungen zu Geldanlage und Börse weiterzugeben. Dieses Buch ist für völlige Anfänger geschrieben. Es zeigt Schritt für Schritt, wie man sein Geld sinnvoll anlegen und es mit Aktien, Aktienfonds und anderen Wertpapieren vermehren kann.

Sein Geld selbst zu verwalten, selbst an der Börse zu handeln, bedeutet ein Stück mehr Freiheit, Selbstbestimmtheit, aber auch mehr Verantwortung.

In diesem Buch teile ich meine Erfahrungen mit Geldanlage und Börse. Es wird Ihnen Ihren Einstieg in diese Welt erleichtern, aber freischwimmen müssen Sie sich selbst.

Zwei meiner Mantras möchte ich Ihnen gleich zu Anfang ans Herz legen:

1. Vergessen Sie nie, wie hart Sie für Ihr Geld gearbeitet haben und setzen Sie es nicht leichtfertig wie in einer Lotterie ein, sondern arbeiten Sie mit dem Geld nach ihrem persönlichen Plan. Wie der aussehen kann, finden Sie im Buch.
2. Seien Sie neugierig und offen für Chancen, aber wenn Ihnen jemand eine auffällig hohe Rendite oder ungewöhnlich hohe Zinsen verspricht, sollten bei Ihnen die Alarmglocken läuten, denn dafür kann es nur einen Grund geben: Das Unternehmen oder das Land braucht Geld, aber niemand gibt es ihm für weniger Zinsen, weil es eine schlechte Bonität hat und die Gefahr sein Geld zu verlieren zu groß ist.

In diesem Buch geht es nicht um das schnelle Geld, denn wer darauf aus ist, bei dem frisst die Gier erfahrungsgemäß das Hirn und er/sie macht zu leichtsinnige Dinge, bis am Ende das Ersparte weg ist. Mir und jedem seriösen Berater geht es darum, dass Sie Ihr Geld gut anlegen, sodass Sie es dann am Ende selbst genießen können und nicht jemand, der gutgläubige Privatanleger in zu waghalsige Projekte treibt.

Viel Freude und Erfolg an der Börse

Eva Schumann,
Freising 2016

Sie brauchen eine Anlagestrategie

Möglichkeiten der Geldanlage/Investition gibt es viele:
Immobilienkauf, Edelmetalle (Gold, Silber, Platin), Kapital-
lebensversicherung, Rentenversicherung, Direktinvestitionen
in Firmen, Sparprodukte (Sparbuch, Festgeld, Tagesgeld etc.),
festverzinsliche Wertpapiere (Anleihen, Obligationen,
Bundesschatzbriefe, Pfandbriefe etc.), Aktien, Fonds
(Aktienfonds, Rentenfonds etc.), Kunst, Antiquitäten,
Edelsteine, Schmuck etc.

Es reicht jedoch nicht, die Zinsen oder die erwartete Rendite
der einzelnen Geldanlagemöglichkeiten zu vergleichen und
dann die zu wählen, welche die höchste Verzinsung
versprechen, sondern man benötigt eine Anlagestrategie, die
zum Vermögen und zum Eigentümer passt und ihn schützt.
Einige Grundsätze der Geldanlage sollte man sich immer vor
Augen führen:

- Jede Chance birgt ein Risiko. Je größer die Chance
  (Verzinsung, Kursgewinne) ist, die eine Geldanlage
  bietet, desto größer ist i. d. R. auch das Risiko. Will
  Ihnen ein Anlageberater etwas anderes erzählen (und
  etwas Entsprechendes verkaufen oder vermitteln),
  dann seien Sie auf der Hut!
- Bei Aktien, Aktienfonds und vielen anderen
  Wertpapieren sowie bei Sachwerten (Edelsteine, Gold,
  Kunst und Schmuck) erhalten Sie beim Verkauf dieser
  Geldanlage nur so viel, wie jemand anderer bereit ist,
  dafür zu bezahlen - egal, was Sie beim Kauf dafür
  bezahlt haben und egal, was in irgendeinem
  Hochglanzverkaufskatalog steht.

- Nur weil sich der Preis eines Geldanlageproduktes halbiert hat, heißt das nicht, dass er sich nicht noch einmal halbieren könnte: Vorsicht vor Turnaround-Spekulationen, die in Börsenforen häufig empfohlen werden.

Grundsätzliches zur Anlagestrategie (Vermögensstrategie)

Die Anlagestrategie muss zum Vermögen und zur Person/Familie des Eigentümers passen. Beim Vermögen kommt es auf die gesamte Größe des Vermögens, auf die zu erwartenden Einkünfte und Ausgaben sowie auf den Zeithorizont der Geldanlage an. Beim Eigentümer spielen Alter, Familienverhältnisse, Altersvorsorge, Gesundheit, ethische Ansprüche an die Geldanlage, Interesse an aktiver Geldanlage, die Risikobereitschaft und vieles mehr eine Rolle.

Grundsätzlich ist zu empfehlen, ein Vermögen auf mehrere Standbeine zu verteilen – das nennt man **Diversifikation**. Man sollte nicht alles in Immobilien, nicht alles in Versicherungen, nicht alles in Aktien oder in Gold investieren, sondern festlegen, mit wie viel Vermögenswert man auf Nummer sicher (Priorität **Vermögenserhalt**) gehen will und mit wie viel man bereit ist, Chancen wahrzunehmen (Priorität **Vermögensvermehrung**) und auch das dazugehörende Risiko in Kauf zu nehmen. Und diese Entscheidung sollte man immer wieder überprüfen und der veränderten Lebenssituation und dem Alter anpassen.

Außerdem muss man überlegen, wann man wie viel **Liquidität** (verfügbares Geld, "flüssige Mittel") benötigen wird - beispielsweise für eine große Reise, einen Umzug, die Renovierung der Wohnung oder um die Rente aufzupeppen.

Die folgende Grafik soll das verdeutlichen:

Abbildung 1: Entwicklung einer Vermögensstrategie

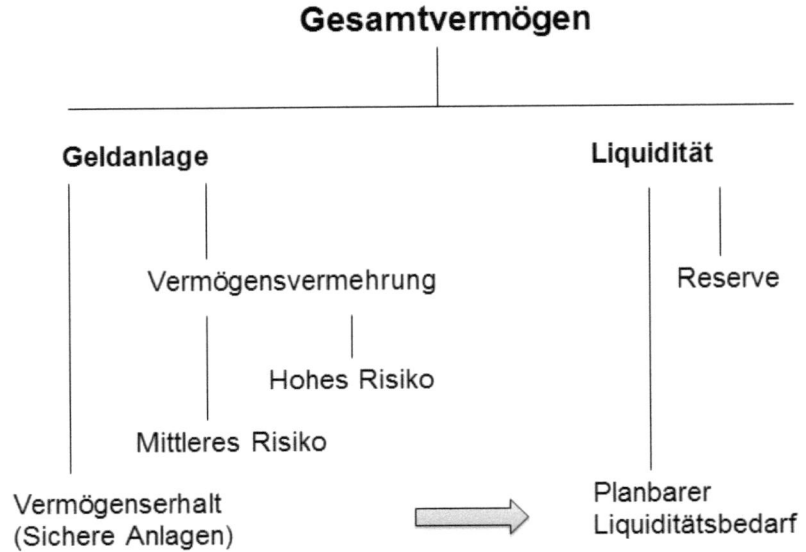

Gesamtvermögen

Geldanlage	Liquidität
Vermögensvermehrung	Reserve
Hohes Risiko	
Mittleres Risiko	
Vermögenserhalt (Sichere Anlagen)	Planbarer Liquiditätsbedarf

Erläuterung

Das **Gesamtvermögen** wird in zwei Bereiche aufgeteilt: Geldanlage und Liquidität.

Die **Geldanlage**-Seite wird unterteilt in:
1. sehr sichere Anlagen für den Vermögenserhalt,
2. Geldanlagen mit mittlerem Risiko für die Vermögensvermehrung (mittlere Chancen, mittleres Risiko), Geldanlagen mit höherem Risiko für die Vermögensvermehrung (große Chancen, großes Risiko).

Die Gewichtung der einzelnen Bereiche sollte zu dem persönlichen Profil des Anlegers passen. Je näher man dem Zeitpunkt kommt, zu dem man Geld benötigt, desto weniger risikoreich sollte dieses Geld angelegt sein.

Liquidität muss
1. als Reserve für Notfälle da sein,
2. auch für den weiteren Zeitverlauf geplant werden (für das Ersetzen der Heizungsanlage, Zahnimplantate, große Neuanschaffungen oder Ähnliches).

Liquidität hat man in Form von Bargeld bzw. auf dem Girokonto, Sparbuch oder einem Tagesgeldkonto. Die für die Zukunft geplante Liquidität sollte zu dem Zeitpunkt aus dem Geldanlagevermögen, und zwar aus den sichereren Anlagen, beispielsweise fälliges Festgeld, abgezogen werden können, damit man nicht in schwierigen Zeiten Aktien oder andere mittlere und risikoreichere Geldanlagen zu einem ungünstigen Preis verkaufen muss.

Einlagensicherung

Wie sicher ist das Ersparte, wenn die Bank, bei der es liegt, pleitegeht? Das kommt auf das Einlagensicherungssystem an.

Einlagensicherungssysteme sollen Finanzsysteme stabil erhalten und Verbraucher schützen. Ohne Einlagensicherung würden Anleger panikartig ihr Geld abheben, sobald eine Bank (angeblich) in Schwierigkeiten gerät. Das wiederum würde dann wirklich in kürzester Zeit zur Pleite der Bank und zu einer Beeinträchtigung der gesamten Wirtschaft führen. Einlagensicherungssysteme schützen also Anleger/Verbraucher, Banken/Kreditinstitute und die Wirtschaft. Aber wie sicher ist das Ersparte deutscher Anleger, wenn ihre Bank tatsächlich pleitegeht?

Die kurze Antwort: Das kommt darauf an, wie viel Geld und bei welcher Bank der Anleger sein Geld angelegt hat.

Die **gesetzliche Einlagensicherung** ist von dem Land abhängig, in welchem die Bank bzw. das Kreditinstitut ihren

Hauptsitz hat. Außerdem kann sich die Bank freiwilligen Sicherungssystemen angeschlossen haben bzw. zu einem Haftungsverbund gehören – oder eben nicht.

Für Banken mit Hauptsitz in Deutschland gilt grundsätzlich mindestens die gesetzliche Einlagensicherung laut Einlagensicherungs- und Anlegerentschädigungsgesetz (EAEG), nach dem 100 % der Einlagen bis zu maximal 100.000 Euro und 90 % der Verbindlichkeiten aus Wertpapiergeschäften bis maximal 20.000 Euro pro Anleger und pro Bank/Kreditinstitut geschützt sind.

> Einlagensicherungssysteme können nur den Pleitefall einzelner Banken absichern. Für den unwahrscheinlichen Fall, dass alle Banken und Wirtschaftssysteme zusammenbrechen, dürften die Sicherungssysteme nicht ausreichen.

Unter Einlagen versteht man Guthaben auf einem Konto (Tagesgeldkonto, Festgeldkonto, Girokonto etc.), Sparbuch, Sparbriefe etc. in Euro oder einer Währung eines EU-Mitgliedstaates.

Unter Verbindlichkeiten aus Wertpapiergeschäften versteht man Dividenden, Ausschüttungen, Verkaufserlöse und Ähnliches, das dem Kunden zusteht – wobei „Verbindlichkeit" die Sicht der Bank ist, für den Kunden sind es Forderungen an die Bank.

Neben der gesetzlichen Einlagensicherung gibt es in Deutschland **freiwillige Einlagensicherungssysteme**, beispielsweise den Einlagensicherungsfonds des Bundesverbandes deutscher Banken (BdB), wodurch mindestens 250.000 Euro pro Kunde abgesichert sind – oft weitaus mehr (abhängig vom haftenden Eigenkapital und davon, wie lange die Bank Mitglied ist) – und den

Haftungsverbund der Sparkassen – ganz ohne Haftungslimit nach oben.

Die Angaben, welcher Einlagensicherung eine Bank angehört, findet man im Preisaushang oder in den Allgemeinen Geschäftsbedingungen (AGB) auf der Website der jeweiligen Bank und/oder in den Beilagen von Verträgen mit der Bank, die man vor Abschluss (beispielsweise eines Tagesgeldkontos oder für Festgeld) genau prüfen sollte.

Dem BdB mit seiner hohen Einlagensicherung können sich auch Banken mit Hauptsitz im Ausland anschließen. Für sie gilt dann jeweils die gesetzliche Regelung des Landes, in dem sie den Hauptsitz haben, und die Einlagensicherung des BdB bis zum jeweiligen Maximalbetrag. Dem BdB angeschlossen haben sich beispielsweise die Bank of Scotland (Hauptsitz in Großbritannien) und Consorsbank (Hauptsitz Frankreich).

So wie in Deutschland die EU-Vorgaben (EU-Einlagensicherungsrichtlinie (94/19/EG) und der EU-Anlegerentschädigungsrichtlinie (97/9/EG) über das EAEG in deutsches Recht übersetzt wurde, so geschah das auch in anderen EU-Ländern, in Österreich beispielsweise über das Bankwesengesetz (BWG). Auch in anderen EU-Staaten gilt die gesetzliche Einlagensicherung von 100.000 Euro (bzw. 75.000 britische Pfund) pro Person und Bank.

Außerhalb der EU gibt es keine einheitliche Regelung. In der Schweiz sind bis 100.000 Schweizer Franken (ca. 80.000 Euro) pro Person und Bank abgesichert, die gesetzliche Einlagensicherung in den USA über die Federal Deposit Insurance Corporation beträgt seit Kurzem 250.000 US-Dollar (204.000 Euro) pro Person. In der Türkei gibt es für Geld aus dem Ausland keinen Schutz – manche türkische Banken haben jedoch eigenständige Niederlassungen mit einem Hauptsitz in einem EU-Land, dann gelten die Gesetze des Landes, also die umgesetzten EU-Richtlinien.

Bei ausländischen Banken muss also immer darauf geachtet werden, wo sie ihren Hauptsitz haben und welche gesetzlichen Regelungen dadurch greifen und ob sie möglicherweise zusätzliche Absicherungsmaßnahmen ergriffen haben (indem sie sich beispielsweise dem BdB angeschlossen haben).

Übrigens: Wertpapiere sind keine Einlagen. Sie bleiben immer Eigentum des Kunden und werden von der Bank nur verwahrt. Man kann sie jederzeit – auch bei Insolvenz einer Bank – zu einer anderen Bank übertragen.

Sicher(er)e Anlagemöglichkeiten (Vermögenserhalt)

Dazu gehören beispielsweise:

- Sparbuch - bis zur Höhe der Einlagensicherung so gut wie kein Verlustrisiko, aber kaum Zinsen
- Festgeldkonto - bis zur Höhe der Einlagensicherung so gut wie kein Verlustrisiko, feste Zinsen für vertraglichen Zeitraum, normalerweise attraktivere Zinsen als das Sparbuch, siehe auch Tagesgeld oder Festgeld
- Tagesgeldkonto - bis zur Höhe der Einlagensicherung so gut wie kein Verlustrisiko, normalerweise attraktivere Zinsen als das Sparbuch, Zinsentwicklung nach Zinsgarantie nicht vorhersehbar.
- Festverzinsliche Wertpapiere
  - des Bundes (deutsche Bundesanleihen, Bundesschatzbriefe, Bundesobligationen, etc.) - so gut wie kein Verlustrisiko, aber derzeit auch kaum Zinsen,
  - Staatsanleihen anderer Länder - das Risiko und die Rendite **sind unterschiedlich** - abhängig vom herausgebenden Staat. Grundsätzlich

kann man davon ausgehen: je höher das Risiko, desto höher die Rendite (im Vergleich),
  o Bankschuldverschreibungen (Pfandbriefe) - das Risiko und die Rendite sind **abhängig von der herausgebenden Bank**, doch unterliegen diese gesetzlichen Vorschriften.
- Garantiefonds - sehr geringes Risiko, geringe Rendite
- Rentenfonds - geringes bis mittleres Risiko, geringe bis mittlere Rendite

Mittleres bis hohes Risiko/mittlere bis hohe Chancen (Vermögensvermehrung)

Diese Anlageprodukte sind nur für Vermögensanteile zu empfehlen, die man lange nicht benötigt, da es manchmal sogar mehrere Jahre dauern kann, bis sich eine Krise/Verluste wieder verwachsen hat.

- Geldmarktfonds - geringes Risiko, geringe bis mittlere Rendite
- Laufzeitfonds - mittleres bis sehr hohes Risiko, mittlere Rendite
- Mischfonds - mittleres Risiko, mittlere Rendite
- Offene Immobilienfonds - mittleres bis großes Risiko, mittlere Rendite
- Garantiezertifikate - mittleres bis hohes Risiko, niedrige Rendite
- Aktien bieten im Durchschnitt mittlere bis sehr große Chancen und mittlere bis sehr hohe Risiken. Einzelne Aktientitel bergen die Gefahr eines großen Verlustes bis Totalverlustes (innerhalb des Wertpapierdepots daher immer für weitere Streuung sorgen)

- Aktienfonds - im Durchschnitt mittlere bis sehr große Chancen und mittlere bis sehr hohe Risiken. Zum Beispiel: Mittlere Chancen und Risiken bergen beispielsweise Aktienfonds, die auf deutsche Aktien aus dem DAX (Deutscher Aktien Index) setzen, große Chancen aber auch Risiken bergen Aktienfonds, die auf die Entwicklung der Schwellenländer (China/Hongkong, Indien, Brasilien/Lateinamerika, Schwellenländer in Osteuropa, Afrika etc.) setzen - wobei es auch hier Unterschiede gibt und sich diese Märkte in unterschiedlichen Stadien/Zyklen bewegen können. Daher innerhalb eines Aktien-/Aktienfonds-Depots unbedingt für weitere Diversifikation sorgen.
- Genussrechte und Genussscheine sind sehr risikoreich. In guten Zeiten bieten sie gute Zinsen, aber in schlechten Zeiten kann der Anleger nicht nur die Zinsen, sondern sein gesamtes eingesetztes Kapital verlieren. Manchmal werden die Zinsen garantiert, doch für das Kapital gibt es keine Garantie, es kann in schlechten Jahren weniger werden. Geht die herausgebende Gesellschaft pleite, ist das eingesetzte Kapital weg, denn Genussscheine werden bei Insolvenz nur nachrangig nach den Forderungen aller anderen Fremdkapitalgläubiger berücksichtigt.

Sonderfall Immobilien ("Betongold")

Es heißt oft, Immobilien und Immobilienfonds seien eine risikoarme Geldanlage. Aber tatsächlich ist die Wertentwicklung und Rendite eines Objektes nicht nur von der Miete und den anfallenden Kosten, sondern auch von seiner Lage sowie von der Differenz zwischen dem Kauf- und dem Verkaufpreis abhängig.

In Zeiten niedriger Zinsen trauen sich mehr Menschen als sonst an eine Baufinanzierung, was bedeutet, dass die

Nachfrage (oft aber nur an bestimmten Standorten) steigt, die Wohnungen also immer teurer werden. Die Mieten steigen nicht unbedingt auch so stark, sodass das Abstottern schwierig werden kann. Je später jemand in so einer Boomphase in Immobilien einsteigt, desto schwieriger wird es für diesen Menschen, die Immobilie zu einem lohnenden Investment zu machen. Vorsicht ist geboten!

Zum Thema Wohnen in der eigenen Immobilie: Heutzutage wird von vielen Arbeitnehmern und ihren Familien hohe Flexibilität erwartet - überlegen Sie daher vor dem Kauf: Was wird aus der Immobilie, wenn Sie in einen anderen Ort umziehen müssen oder wollen? Außerdem ist da immer auch das Risiko, dass man Ihnen eine Schnellstraße, einen Flughafen, eine Gasförderanlage oder sonst etwas in die Nähe Ihrer Immobilie setzt und sie daher nicht nur an Marktwert verliert, sondern für Sie als Selbstbewohner auch die Lebensqualität erheblich beeinträchtigt werden kann.

Auch Trends verändern sich: War früher das Häuschen auf dem Lande eine beliebte und erfolgreiche Investition, wollen heute alle in die Stadt. Die Häuschen auf dem Lande, die etwas weiter von der Stadt weg liegen, verloren in den letzten Jahren oft enorm an Wert. Wer dann verkaufen muss, kann Geld verlieren. Sicher kann sich der Trend auch wieder ändern, aber niemand weiß wann und wohin.

Statt sich also blind auf den Ruf des Betongoldes und die entsprechende Werbung der Branche zu verlassen, sollte man den Einzelfall der Anlage und die Gesamtsituation des individuellen Anlegers knallhart unter die Lupe nehmen.

Gold als sicherer Hafen?

Auch bei Gold gibt es ein Kursverlustrisiko, da die Zukunft niemand vorhersagen kann, auch wenn manche so tun.

Gold wird gerne als Krisenwährung bezeichnet. Aber es ist absolut nicht so, dass der Goldpreis immer nur steigt, denn er ist wie die Aktienkurse von Angebot und Nachfrage abhängig. Der Goldpreis wird stark vom Ölpreis, vom Kurs des US-Dollars und vielem anderen beeinflusst.

Abschreckende Beispielentwicklungen:

1996 stand der Goldpreis im Höchststand noch bei 416,25 US-Dollar pro Feinunze Gold, 1997 fiel er im Tiefststand bis auf 283 US-Dollar.
2011 stand der Goldpreis im Höchststand bei 1.896,50 US-Dollar je Feinunze Gold, bis 2015 fiel er im Tiefststand bis auf 1048,30 US-Dollar.

Heute liegt der Preis pro Feinunze bei 1.259,98 US-Dollar - auch weit unter dem Höchststand von 2011.

Fazit: Wer zum falschen Zeitpunkt verkaufen muss, kann auch mit Gold viel Geld verlieren. Und niemand weiß, wohin die Entwicklung beim Gold geht. Nur weil der Goldwert bisher - zumindest über große Zeiträume hinweg - gestiegen ist, muss das nicht immer so bleiben.

Da Gold in Dollar notiert, gibt es beim Gold immer auch noch das Währungsrisiko (Wechselkursrisiko).

Finanztest 07/2010 empfahl für Gold, das man es bis maximal 10 % des risikobehafteten Anteils des Vermögens beimischen kann, viel höher würde ich auch nicht empfehlen.

Geldanlage in Versicherungen?

Kapitallebensversicherungen waren früher modern, können aktuell aber wegen der niedrigen Rendite, Inflexibilität, dem ungünstigen Chance-Risiko-Profil und anderen Nachteilen in der Regel nicht mehr oder nur mit vielen Vorbehalten empfohlen werden. Private Rentenversicherungen (klassische Rentenversicherung, Riester-Rente, Rürup-Rente, Sofortrente) können ein Baustein der Altersvorsorge bzw. der Geldanlagestrategie sein. Das Thema würde den Rahmen dieses Buches sprengen, gute und aktuelle Informationen findet man beispielsweise in Veröffentlichungen der Verbraucherzentralen (www.verbraucherzentrale-bayern.de) und von Stiftung Warentest/Finanztest (www.test.de) sowie bei Finanztip (www.finanztip.de).

Geldanlage in Kunst, Schmuck, Antiquitäten?

In diese Sachwerte sollten nur Experten und kenntnisreiche Liebhaber investieren:

- Kunst
- Antiquitäten
- Edelsteine, Schmuck

Oft werden Sachwerte aus Schutz vor Inflation gekauft, doch liegt die Inflation aktuell nahe null. Ein anderer Kaufgrund könnte die Angst vor einem Börsencrash oder einer Wirtschaftskrise sein. Doch sollte man sich vor Augen halten, dass man immer nur den Preis für ein Sachgut erhält, den jemand anders bereit zu bezahlen ist - und davon gehen dann auch noch Provisionen und andere Kosten weg. Bekommt man schon in guten Zeiten bei Sachwerten oft kaum das, was man dafür einmal bezahlt hat, kann man davon ausgehen, dass man in schlechten Zeiten, wenn viele keine andere Wahl haben, als unter Wert zu verkaufen, erst recht keinen guten Preis erzielen kann.

Währungsrisiko

Bei Anlageprodukten, die in einer anderen Währung notieren (gehandelt werden), kann sich der Wechselkurs zwischen der fremden und der eigenen Währung für den Anleger nachteilig verändern. Das kann beispielsweise bei ausländischen Aktien oder Gold (notiert in US-Dollar) der Fall sein. Bei Aktienfonds dagegen kommt es nicht auf die Fondswährung drauf an, sondern in welche Aktien welcher Währung der Fonds investiert ist. Ausführliche Informationen und Rechenbeispiele finden Sie bei www.tinto.de/geld/html/waehrungsrisiko.htm.

Nachhaltige Geldanlage

Wer Geld gespart hat, der sollte es nicht unter der Matratze verstecken - denn da verliert es inflationsbedingt an Wert, kann gestohlen (Einbruch) oder vernichtet (Hausbrand) werden. Besser ist es, das Geld anzulegen. Wie man Geld am besten anlegt, hat nicht nur mit der Anlagestrategie (Diversifizierung etc.), Renditechancen und Risikobereitschaft zu tun, sondern auch mit der persönlichen Weltanschauung - beispielsweise ob man seriös investieren oder zocken will sowie um ethische (Kinderarbeit, Menschrechte, ökologische Nachhaltigkeit etc.) und religiöse Aspekte.

Nachhaltigkeit - Definition

Bei "Nachhaltigkeit" geht es darum, ein vorhandenes System so zu nutzen, dass es dauerhaft erhalten bleibt. Dabei gibt es die Aspekte

- Ökologische Nachhaltigkeit
  Ökologisch nachhaltiges Handeln berücksichtigt

Naturschutz, Umweltschutz, Ressourcenschonung, Regenerierbarkeit von Ressourcen etc.,
- Ökonomische Nachhaltigkeit
Bei der ökonomischen Nachhaltigkeit geht es darum, dass (volks-)wirtschaftliches Handeln auf für Nachfolgegenerationen sinnvoll sein muss.
- Soziale Nachhaltigkeit
Sozial nachhaltiges Handeln setzt sich für den Abbau sozialer Ungerechtigkeiten und sozialer Spannungen und für friedliche Konfliktlösungen ein.

Wie man sieht, kann "Nachhaltigkeit" ganz unterschiedlich ausgelegt werden - auch wenn idealerweise alle Aspekte berücksichtigt werden.

Nachhaltigigkeit aus persönlicher Sicht des Anlegers

Wegen der Dehnbarkeit des Begriffs Nachhaltigkeit sollte man als Anleger vor der Suche nach nachhaltigen Geldanlagen überlegen, welche Aspekte man persönlich bei der Beurteilung von Unternehmen wichtig findet, beispielsweise

- Nachhaltigkeit der Wirtschaftsweise/Produktion (nachhaltiges Wirtschaften, ökologischer Anbau, biologischer Pflanzenschutz, artgerechte Tierhaltung etc.),
- Entwicklung ökologischer Produkte (wie regenerative Energien),
- Engagement in Umweltschutz und Nachhaltigkeitsthemen,
- keine Atomenergie,
- keine Gentechnik in der Landwirtschaft,
- keine Lebensmittel, für deren Erzeugung Gentechnik eingesetzt wurde,

- keine Agrarchemie und Monokulturanbau,
- keine nicht-artgerechte Tierhaltung/keine Massentierhaltung,
- gute Arbeitsbedingungen (gute Strukturen im Unternehmen, keine Ausbeutung),
- sorgsamer Umgang mit der Bevölkerung (z. B. bei der Umsetzung von Großprojekten),
- Achtung der Menschenrechte (keine Kooperation mit Diktatoren etc.),
- keine Kinderarbeit.

Nachhaltige Geldanlage über Genussrechte/Genussscheine, Nachrangdarlehen

Manche Ökostromerzeuger und andere Firmen, die für sich Nachhaltigkeit, Ökologie etc. in Anspruch nehmen, bieten Genussrechte zur "nachhaltigen Geldanlage" an, um sich Kapital für Erweiterungen, Vorleistungen und Ähnliches zu beschaffen.

Mit Genussrechten wird man kein Miteigentümer, sondern die Investoren erhalten dafür, dass sie ihr Geld "verleihen", eine Gewinnbeteiligung. Als Anleger sollte man sich bewusst sein, dass Genussscheine zu den risikoreichen Geldanlage-Möglichkeiten gehören: Wenn es keinen Gewinn gibt, gibt es in der Regel auch keine Gewinnbeteiligung. Wenn die Firma insolvent wird, werden die Genussscheininhaber nachrangig nach allen anderen Gläubigern bedient.

Was für alle risikoreichen Anlagemöglichkeiten gilt, sollte man auch bei Genussrechten/Genussscheinen sowie Nachrangdarlehen beachten und - wenn überhaupt - nur einen kleinen Teil des Vermögens im Rahmen einer diversifizierenden Anlagestrategie nach umfangreicher

Prüfung des Unternehmens und des Angebots in Genussrechte/Genussscheine oder Nachrangdarlehen anlegen.

Nachhaltige Geldanlage mit Aktien und Aktienfonds

Wie man Aktien und Fonds findet, die bestimmten Nachhaltigkeitskriterien genügen, wird im Kapitel "Ethische, ökologische und nachhaltige Aktien und Investmentfonds finden" erläutert.

Grüne Banken, Nachhaltigkeitsbanken

Wer nicht erst bei den Geldanlageprodukten auf Nachhaltigkeit Wert legt, sondern schon seine Bank nach diesen Gesichtspunkten auswählen möchte, kann eine der grünen Banken/Nachhaltigkeitsbanken wählen.

Diese Banken zählen sich selbst zu den ethischen Banken bzw. grünen Banken/Nachhaltigkeitsbanken (Beispiele in alphabetischer Reihenfolge):

- EthikBank
- GLS Bank
- Triodos Bank
- UmweltBank
- Bank für Kirche und Diakonie

Banken mit ethischen Grundsätzen bzw. "Grüne Banken" sind nicht einheitlich aufgestellt, sondern agieren nach verschiedenen Philosophien und Richtlinien - sowohl was die Schwerpunkte, als auch was die Transparenz betrifft.

Aktien erwerben - wie geht das?

Mit einem Aktienkauf wird man Teilhaber an einer Aktiengesellschaft, d. h., man wird zum Aktionär. Im Gegenzug für das Geld, das der Anleger für die Aktien bezahlt, wird seine Teilhaberschaft an der Firma bescheinigt, indem Aktien in sein Depot („Aktienbestandskonto") eingetragen werden und er eine Kaufbescheinigung/-abrechnung erhält.

Ein Aktionär hofft, dass die Firma, in die er Geld steckt, wächst und gedeiht und dass dies auch von anderen Teilnehmern an der Börse wahrgenommen wird, denn dann steigt die Nachfrage nach der Aktie und damit ihr Preis (Kurs) am Aktienmarkt. Außerdem wird der Aktionär bei vielen Aktiengesellschaften am Gewinn beteiligt: Er erhält eine Gewinnausschüttung (Dividende genannt) und noch einige Rechte mehr. Wenn er das in Aktien angelegte Geld benötigt oder wenn er nicht mehr an eine gute Zukunft für diese Firma und deren Aktie glaubt, kann er die Aktie jederzeit wieder verkaufen - zu dem Kurs, der zum Verkaufszeitpunkt gilt.

Nun kann man aber als Privatperson nicht zu Bill Gates von Microsoft gehen und sagen: „Gib mir Microsoft-Aktien und ich gebe dir dafür Geld." Die Firmen und deren Inhaber oder Mitarbeiter können uns die Aktien nicht selbst verkaufen und es gibt auch kein Geschäft, in welchem Aktien zu einem festen Preis angeboten werden.

Aktien werden an der Börse gehandelt und der Preis (Kurs) wird ständig aus Angebot und Nachfrage errechnet. Wir, die potenziellen Käufer und Verkäufer, dürfen nicht selbst auf das Börsenparkett oder in den elektronischen Handel eingreifen, sondern man gibt seine Aufträge für Aktienkäufe und -verkäufe an eine Bank, bei der man sich vorher ein Depot ("Aufbewahrungsort" für Aktien) eingerichtet hat. Die Bank wiederum leitet die Aufträge (Orders) an die gewünschte

Börse, wo das Geschäft dann für die Anleger/Aktionäre abgewickelt wird. Hinterher bekommt man einen Abrechnungsbeleg von seiner Bank und das neue Wertpapier erscheint in der Depotaufstellung.

Die folgende Abbildung zeigt den Ablauf.

Abbildung 2: Die Bank als Vermittler zwischen Aktionär und Börse

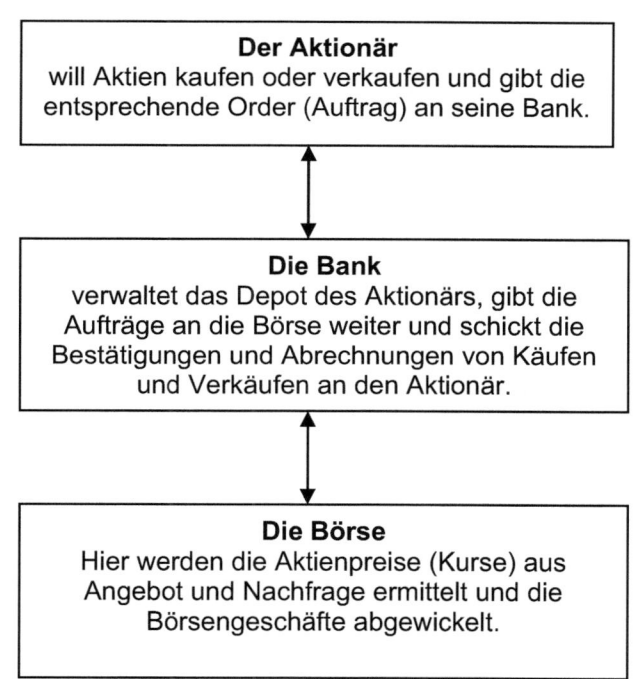

In der Praxis läuft ein Aktienkauf bei mir beispielsweise so ab:

Per Telefon (nur noch selten)
Ich rufe bei meiner Bank an und spreche mit einem Mitarbeiter, der mich und meine Stimme kennt und befugt ist meine Orders (Aufträge) entgegenzunehmen und weiterzuleiten. Ich nenne meine Depotnummer und ich sage, wie viele Aktien ich von welcher Firma kaufen möchte, zu welchem Preis und wie lange mein Angebot stehen soll. Dann lege ich auf. Der Bankmitarbeiter leitet den Auftrag weiter. Wenn der Auftrag abgewickelt wird, d. h. ein Kauf zustande kam, weil jemand gefunden wurde, der bereit war, zu meinen Bedingungen an mich zu verkaufen, werden die Aktien in mein Depot eingetragen und aus meinem Girokonto bezahlt. Meist kann mir der Mitarbeiter der Bank schon nach wenigen Minuten sagen, ob der Auftrag durchging (wenn es mir eilig ist und ich nochmals anrufe). Eine schriftliche Abrechnung erhalte ich meist zwei Tage nach der Abwicklung mit der Post. Dieses Verfahren ist nur mit einer Bank oder Sparkasse möglich, die ein Filialnetz betreibt und persönliche Kontakte pflegt.

Tipp: Bei diesem Verfahren ist es empfehlenswert, dafür zu sorgen, dass man mehreren für Wertpapiere zuständigen Mitarbeitern der Bank bekannt ist. Sonst steht man dumm da, wenn der übliche Ansprechpartner mal krank oder im Urlaub ist.

Hat man sein Depot bei einer Direktbank oder Online-Bank, dann muss man sich am Service-Telefon mit einer PIN (persönliche Identifikationsnummer), Antworten zu vorher vereinbarten Sicherheitsfragen oder anderen Verfahren „ausweisen", bevor man seine Orders aufgeben oder Informationen erhalten kann.

Über das Internet

Nicht nur Online-Banken und Direktbanken ermöglichen den Handel von Aktien über das Internet. Inzwischen bieten auch die meisten Filialbanken und Sparkassen eine Plattform für Online-Banking und den Aktienhandel im Internet (Online-Broking). Dazu wird auf einer Webseite eine grafische Oberfläche eingeblendet, die sowohl das Einloggen („Ausweisen" mit Kontonummer und PIN) sowie das Ordererteilen und –bestätigen mit einer TAN (Transaktionsnummer) ermöglichen. Ansonsten ist das Verfahren der Ordererteilung das gleiche wie am Telefon, nur dass man, statt mit jemandem zu reden, ein elektronisches Formular ausfüllt.

Neben der telefonischen Auftragserteilung und dem Handel über das Internet gibt es auch noch andere Möglichkeiten seine Aufträge zu erteilen - z. B. über Fax. Aber egal, wie man seine Aktien ordert (bestellt), allen Verfahren gemeinsam ist, dass bestimmte Voraussetzungen erfüllt sein müssen.

Um Aktien handeln zu können, benötigt man

- ein Depot bei einer Bank,
- Geld, um die Aktien zu bezahlen, genauer: ein Konto (i. d. R. bei der gleichen Bank), von welchem die Käufe bezahlt werden und auf welches die Verkaufserlöse gutgeschrieben werden,
- Anlageideen und
- Preisvorstellungen.

Um die Details geht es in den folgenden Kapiteln.

Wie komme ich an ein Depot?

Das Depot ist der Aufbewahrungsort für die Aktien, nur liegen heute die Aktien nicht mehr tatsächlich als Urkunden bei der Bankfiliale im Tresor, sondern sie sind einfach nur unter einer Depotnummer für den Bankkunden elektronisch erfasst.

Man kann sich ein Depot bei seiner bisherigen Hausbank einrichten lassen. Dazu unterschreibt man ein oder mehrere Formulare und bekommt eine Depotnummer. Man kann aber auch zu einer anderen Bank gehen. Man braucht dort allerdings außer dem Depot auch noch ein Verrechnungskonto, von welchem aus die Aktien bezahlt werden beziehungsweise auf welches nach Verkäufen der Verkaufserlös gutgeschrieben wird.

Die Bank kassiert Depotgebühren für die Verwaltungsarbeit und auch für die Abwicklung der einzelnen Börsengeschäfte fallen Kosten

> Beim Vergleich verschiedener Banken nicht nur die Gebühren für die Orders und für das Depot berücksichtigen, sondern auch die Kosten für das dazugehörende Konto.

(Orderkosten) an. Die Kosten für Depot und Sonstiges sind von Bank zu Bank verschieden. Beim Vergleich verschiedener Banken sollte man alle Gebühren - auch die vom zugehörigen Konto - und auch seine Service-Wünsche einfließen lassen.

Oft wird mit einem kostenlosen Depot geworben – da sollte man bei den Orderkosten genau hinschauen. Umgekehrt, wenn die niedrigen Orderkosten besonders hervorgehoben werden, sollte man auf die Depotkosten oder andere Nebenbedingungen schauen. Vereinfacht kann man feststellen: Wer häufig börsengehandelte Wertpapiere kauft und verkauft, für den sind besonders die Kosten pro Order wichtig. Wer wenig handelt, bei dem kommt es weniger auf die Orderkosten, sondern auf die Depotkosten (sie werden i. d. R. einmal pro Jahr berechnet) an.

Es gibt regelmäßig Angebotsvergleiche in den üblichen Verbraucher-, Finanz- und Börsenmagazinen.

Filialbank, Direktbank, Online-Bank

Filialbanken und Sparkassen waren früher die Normalität: Sie unterhalten ein Filialnetz (d. h., sie haben Zweigstellen), sodass man sich vor Ort persönlich beraten lassen kann. Direktbanken haben per Definition kein Filialnetz, sondern nutzen andere Vertriebskanäle (z. B. Außendienstmitarbeiter). Online-Banken sind spezialisierte Direktbanken, die ihre Serviceleistungen über das Internet anbieten – nutzen kann man die Services z. B. per PC, Notebook oder mobile Endgeräte. Heutzutage bieten jedoch auch die meisten Filialbanken und Sparkassen ihre Dienstleistungen zusätzlich per Internet an und ermöglichen so Online-Banking (Bankgeschäfte wie Überweisungen über das Internet) und Online-Broking (Wertpapierhandel über das Internet).

Filialbanken und Sparkassen sind meist teurer, weil die Unterhaltung der Filialen und deren Personal Geld kosten. Wer möglichst billig handeln will, keinen Wert auf persönliche Beratung legt und mit dem Internet vertraut ist, ist bei Direktbanken/Online-Banken richtig.

Die Entscheidung für eine Bank sollte man wichtig nehmen, obwohl der Wechsel meiner Erfahrung nach heute nicht mehr so schwierig ist wie noch vor ein paar Jahren.

Behalten Sie den Überblick

Fast alle Banken und Sparkassen bieten heutzutage die Möglichkeit, das Depot online anzuschauen und online zu handeln. Wem die dort angebotenen Funktionen zur Erfolgsanalyse etc. nicht ausreichen, kann sich zusätzlich ein Portfolio online und passwortgesichert bei den unten aufgeführten Börsenplattformen im Internet einrichten und da hinein seine Werte eintragen.

Mit einem Klick kann man dann aktuelle Charts, Nachrichten, Kennzahlen, Bewertungen von Analysten und vieles mehr von jedem internetfähigen Computer aus abrufen.

Wenn Sie erst einmal ohne Risiko üben möchten, können Sie die Portfoliofunktionen eines Musterdepots nutzen.

Diese Portfoliofunktionen können Sie auch für Trockenübungen nutzen: Simulieren Sie Käufe von Wertpapieren und beobachten Sie die Entwicklung Ihres persönlichen Musterdepots oder einzelne Werte in Ihrer persönlichen Watchliste.

Zusätzlich zur kostenlosen Portfoliofunktion werden sowohl von den Banken als auch von den Internetplattformen teilweise auch Informationsdienstleistungen angeboten, das heißt, man kann sich die aktuellen Kurse seiner Aktien auf das Handy schicken lassen oder sich warnen lassen, wenn ein Kauf- oder Verkaufssignal erreicht ist. Manche der Dienste sind kostenpflichtig, andere kostenlos bzw. über Werbung finanziert.

Beispiele für Börsenplattformen:
www.finanztreff.de
www.onvista.de

Woher nehme ich das Geld?

Anfangs habe ich mein vorhandenes Girokonto zur Abrechnung der Aktienkäufe und -verkäufe genutzt, später ließ ich mir ein gesondertes Konto einrichten, weil es damit einfacher ist, den Überblick zu bewahren.

Langfristig planen

Für mich ist eine der wichtigsten Börsenregeln: Nur Geld investieren, das man mindestens drei bis fünf Jahre nicht braucht. Dann kann man auch gelassen durch die Börsentäler gehen.

Aktien steigen zwar langfristig mit sehr großer Wahrscheinlichkeit, zumindest eine gute Mischung aus Qualitätswerten, aber kurzfristig kann es immer Rückschläge geben. 1987 dauerte es zum Beispiel 18 Monate bis sich der damalige Crash wieder „verwachsen" hatte. Meist kommt ein Crash zwar nicht ganz unerwartet, weil die Börse vorher extrem gut läuft ("sich eine Blase aufbaut"), aber wenn es dann so weit ist, geht alles so schnell, dass es zum Absprringen zu spät ist, beziehungsweise man weiß ja nicht, ob und wie weit es eventuell nach unten geht. Und wer aus Angst bei der kleinsten Verstimmung an der Börse schon aus seinen Investitionen springt, verpasst auch viele Chancen.

Nur wer in einer Rückschlagsphase zu niedrigen Kursen verkauft, weil er das Geld braucht oder weil die Bank Kredite zurückfordert, der hat tatsächlich Verluste realisiert.

Wer drin bleibt und sich in Geduld übt, der kann nach dem Crash wieder zu neuen

Höhen getragen werden – wenn er die richtige Aktienmischung hat und genügend Zeit.

Langfristig gesehen erzielt man trotz der Rückschläge, die es zwischendrin immer gibt, an der Börse mit Aktien und Aktienfonds (das ist eine Art Aktienbündel aus verschiedenen Aktien) eine gute Rendite („Verzinsung" des eingesetzten Kapitals). Voraussetzung ist aber, dass man in Qualitätswerte investiert und nicht in unsichere Wackelkandidaten, die eine kurzfristige Krise nicht überleben. Ganz sicher kann man sich aber nie sein, wie sich eine einzelne Firma entwickeln wird. Deshalb streut man seine Anlagen, d. h., man legt sich ein Depot mit den Aktien von verschiedenen zukunftsträchtigen Firmen an.

Eigenes Geld oder Aktien auf Kredit kaufen?

Eine weitere meiner persönlichen Regeln lautet: Nicht auf Kredit spekulieren.

Oft werden von den Banken „Überziehungskredite" angeboten, die durch die Wertpapiere im Depot gedeckt sind. Bei Kursrückgängen sind die Aktien im Depot aber plötzlich weniger wert und der Kredit ist damit unter Umständen nicht mehr gedeckt. Die Bank fordert dann die Differenz. Wenn Sie das Geld nicht sofort beibringen können, verkauft die Bank einen Teil Ihrer Aktien zu den aktuellen Preisen (in einer Korrekturphase oft zu unverhältnismäßig niedrigen Preisen). Die Verluste sind dann meist sehr herb und auf diese Art ist schnell eine Menge Geld vernichtet.

Besonders wenn die Börse scheinbar nur noch die Richtung nach oben kennt, nehmen viele Leute Kredite auf, um dabei zu sein und möglichst viel zu verdienen – sie rechnen damit, dass ihre Rendite (Kursgewinne und Dividenden) höher als die Kreditkosten sind. Dieses Vorgehen ist jedoch extrem risikoreich und hier mussten schon viele herbes Lehrgeld zahlen. Wenn sich der Trend an der Börse ändert und die Kurse ins Trudeln kommen, beschleunigen die Zwangsverkäufe den freien Fall nach unten. Viele gehen auf die Weise pleite. Die Börse beruhigt sich wieder, wenn die Kreditzocker „abgeschüttelt" sind.

Diejenigen, die nur eigenes Geld einsetzen, das sie nicht so bald brauchen, und die auf Qualitätswerte setzen, können eine Krise unaufgeregt aussitzen.

In welcher Währung wird gehandelt?

Abgerechnet werden Aktienkäufe in Deutschland in Euro. Auch die Kursangaben der deutschen Börsen, sowohl in Zeitungen als auch im TV oder im Internet, sind in der Regel in Euro. Die Kursangaben ausländischer Börsen sind in deren Landeswährung, beispielsweise sind die Kursangaben von den US-Börsen in Dollar.

Mit wie viel Geld soll ich anfangen?

Diese Frage wird oft gestellt, aber es gibt keine Antwort, die für alle gleichermaßen gilt.

Der/die eine fängt lieber vorsichtig mit einigen kleinen Positionen an und will ein „Gefühl" für die Börse entwickeln, er/sie erlaubt sich auch kleine „Spielereien" und nimmt Verluste in Kauf. Der/die andere plant eine Strategie und setzt die dann gleich im Großen um (und beobachtet und lernt natürlich auch dazu).

Auch was das Minimum an Kapital betrifft, mit dem man anfängt, gibt es ganz unterschiedliche Meinungen. Zwar ist es wahr, je kleiner die einzelnen Posten sind, desto höher ist prozentual gesehen der Anteil an Nebenkosten (Orderkosten, Kosten für das Depot), aber dennoch finde ich persönlich jeden kleinen Börseneinstieg besser als keinen Börseneinstieg. Ich selbst habe mit zuerst drei kleinen Aktienpositionen für insgesamt ca. 2.300 Euro angefangen, aber ich lernte und sparte für mehr und sehr bald wuchs mein Depot.

Wer es sich leisten kann, der fängt mit drei bis fünf verschiedenen Aktienpositionen von 1.500 bis 2.000 Euro oder auch mehr an - das ist einfach eine Frage des Vermögens und der individuell angepassten Vermögensanlagestrategie.

Kauf- und Verkaufsaufträge erteilen

Kauf- oder Verkaufaufträge (Orders) kann man

- persönlich (indem man zur Bank geht),
- telefonisch,
- per Fax oder
- per Internet

erteilen, je nachdem bei welcher Bank man ist und was man vereinbart hat.

Folgendes gibt man bei der Auftragserteilung an:

- Nummer des Depots,
- Nummer des Kontos, von dem aus die Käufe bezahlt werden bzw. auf welchem die Erlöse aus den Verkäufen gutgeschrieben werden,
- ob es sich um Kauf oder Verkauf handelt,
- Name der Aktiengesellschaft, von der man Aktien kaufen oder verkaufen will,

- Wertpapierkennnummer (WKN) oder International Securities Identification Number (ISIN),
- Stückzahl,
- Handelsplatz (welche Börse bzw. elektronischer Handelsplatz),
- Limit (wie viel Sie maximal pro Aktie zahlen wollen oder wie viel sie mindestens verlangen),
- Gültigkeitsdauer (bis wann die Order gültig ist).

Den Namen der Aktiengesellschaft, an deren Aktien man interessiert ist, weiß man ja meist. Die dazugehörige Wertpapierkennnummer findet man am einfachsten über das Internet heraus (www.onvista.de oder www.finanztreff.de) oder indem man sich einmal ein „Börse Online"-Magazin oder eine Tageszeitung mit Börsenteil kauft - in beiden gibt es einen ausgiebigen Kursteil mit vielen Kenndaten der Aktien. Von manchen Firmen gibt es verschiedene Aktien, zum Beispiel Stammaktien (= „normale Aktien", mit denen man stimmberechtigt ist) oder Vorzugsaktien (bei diesen Aktien hat der Aktionär kein Stimmrecht in der Hauptversammlung).

Börsenplätze sind Frankfurt, München, Stuttgart, Berlin, Hamburg, Hannover, Bremen, Düsseldorf und XETRA (elektronisches Handelssystem).

An jeder Börse wird der Kurs aus Angebot (Briefkurs) und Nachfrage (Geldkurs) errechnet. Sie können die aktuellen Kurse jeweils selbst im Internet recherchieren, zum Beispiel bei www.finanztreff.de, auf der Internetseite Ihrer Bank oder Sie können Ihren Bankberater anrufen und fragen (damit er für Sie nachschaut - wenn Sie das zu oft machen, machen Sie sich aber unter Umständen unbeliebt).

Sie haben die Möglichkeit einfach „billigst" als Preislimit für einen Kauf anzugeben. Dann wird die Aktie zum niedrigst möglichen Kurs gekauft und abgerechnet. Das empfiehlt sich –

wenn überhaupt - aber nur bei sogenannten Standardwerten, die ständig in großen Stückzahlen gehandelt werden.

Bei Aktien, die nur wenig gehandelt werden, sollte man keinesfalls „billigst" kaufen oder „bestens" verkaufen, denn dann läuft man Gefahr einen unfairen Preis zu zahlen beziehungsweise weit unter Wert zu verkaufen. Das passiert oft bei den sogenannten Geheimtipps, die meist sowieso nur den „Erfinder" reich machen. Wenn man nicht sicher ist, sollte man also genau angeben, was man bereit ist zu zahlen beziehungsweise bei welchem Preis man verkauft. Außerdem gibt man an, wie lange das Angebot gelten soll. Wenn man kein Zeitlimit setzt, dann gilt die Order meist nur für den heutigen Tag. Wenn man „ultimo" angibt, dann gilt der Auftrag bis Monatsende.

> Geben Sie sicherheitshalber immer ein Preislimit an, also den Preis, den Sie im Falle eines Kaufes höchstens zahlen möchten beziehungsweise den Sie im Falle eines Verkaufes mindestens erhalten möchten.

Ein kompletter telefonischer Auftrag könnte also folgendermaßen lauten:

Mein Name ist Hase. Ich habe die Depotnummer xy, Abrechnung bitte über Konto zx. Ich möchte 50 Aktien der Möhren-AG, Wertpapierkennnummer 999999, für einen Höchstpreis von 11 Euro bis Ultimo kaufen.

Am Ende der Auftragserteilung lässt man sich alles noch einmal vorlesen.

Bei einer Auftragserteilung über das Internet füllt man die Angaben entsprechend in das Orderformular und überprüft alles noch mal, bevor man die Order mit einer Transaktionsnummer (TAN) bestätigt und abschickt.

Strategien für das Aktiendepot

Die Börse ist langfristig und insgesamt gesehen zwar über die Jahre gestiegen, dennoch können kurz- bis mittelfristig immer mehr oder weniger starke Kursrückschläge eintreten - nicht nur einzelner Aktien, sondern auch des gesamten Marktes. Die Anlage in Aktien und Aktienfonds sollte daher – wie weiter vorne beschrieben – nur ein Teil einer umfassenden Anlagestrategie sein.

Wer ein Aktiendepot über viele Jahre hält und pflegt, erzielt damit meist eine bessere „Verzinsung" als mit Immobilien oder mit einer Geldanlage auf Sparbüchern oder als festverzinsliche Wertpapiere. Eine langfristige Anlage in eine Mischung aus Standardwerten („Bluechips", Aktien von großen, erstklassigen Firmen, die schon über Jahre eine sichere Markposition haben) bringt meist mehr Rendite und ist langfristig auch ziemlich sicher, wenn man nicht in einer ungünstigen Phase verkaufen MUSS.

Zinseszinseffekt

Wer 10.000 Euro mit einem Prozentsatz von 4 % festverzinst anlegt, erhält für das erste Jahr nur 400 Euro Zinsen, aber nach 20 Jahren ist er durch den Zinseszins immerhin bei einer Summe von 21.910 Euro.
Wer es bei seinem Aktiendepot auf 10 % Rendite pro Jahr schafft (durch Wertsteigerung und Dividenden, die man in das Depot reinvestiert), erhält nach 20 Jahren für 10.000 Euro 96.460 Euro. Und wer durchschnittlich 15 % Verzinsung pro Jahr schafft, macht aus den 10.000 Euro stattliche 163.670 Euro. Das sind Beispiele, die voraussetzen, dass man im Durchschnitt der Jahre diese Verzinsung schafft und keine Gewinne entnimmt.

Leider bekommt/erreicht man derzeit selten eine so hohe Verzinsung, da die Leitzinsen niedrig sind. Dafür haben wir aber derzeit auch keine Inflation, die den Wert des Geldes mindern würde.

Risikobereitschaft

Ein wichtiges Prinzip bei der Geldanlage ist: Wer höhere Gewinne möchte, der muss mehr Risikobereitschaft

> Höheres Risiko ermöglicht höhere Gewinne, aber beinhaltet die Möglichkeit mehr oder sogar alles zu verlieren.

zeigen und in neue Anlageideen investieren - beispielsweise Aktien von Firmen wählen, die noch neu sind und/oder in einer neuen Technologie tätig sind. Aber Risiko bedeutet eben auch die Möglichkeit eines Verlustes.

Mit verschiedenen Strategien kann man dafür sorgen, sein Risiko überschaubar zu halten und seiner individuellen Situation anzupassen. Es ist Ihr Geld, für das Sie hart gearbeitet haben, Sie sollten es nicht wie in einer Lotterie einsetzen.

Strategie-Entscheidungen

Zuerst muss man entscheiden, wie viel Prozent seines Vermögens man überhaupt in Aktien/Aktienfonds investieren möchte und wie viel in

> "Lege niemals alle Eier in einen Korb" (Harry Markowitz)

Immobilien, festverzinsliche Wertpapiere, Gold usw.). Die meisten Vermögensverwalter empfehlen, dass man mit zunehmender Nähe zum Rentenalter den Anteil der Aktien/-

Aktienfonds verringert und Anlageformen, die weniger Schwankungen und Turbulenzen unterworfen sind, bevorzugt.

Es gibt sogar eine Daumenregel für den prozentualen Anteil von Aktien/Aktienfonds am gesamten Vermögen: 100 minus Lebensalter. Ein 25-jähriger Mensch sollte demnach 75 Prozent seines Geldes in Aktien anlegen, ein 60-jähriger 40 Prozent. Das ist aber nicht mehr als eine Richtschnur, die an die persönlichen Umstände angepasst werden muss.

Um noch in der Lage zu sein, eine unerwartete Reparaturrechnung zu bezahlen, benötigen Sie außerdem ein Liquiditätspolster (Geld, auf das Sie schnell zugreifen können, beispielsweise auf einem Tagesgeldkonto).

Risikostreuung

Um sein Risiko einzugrenzen, kauft man nicht nur Aktien einer Firma, sondern von verschiedenen Firmen. Das nennt man Risikostreuung oder Diversifikation. Man kann in verschiedener Hinsicht streuen: Zum Beispiel Aktien aus verschiedenen Ländern/Regionen und verschiedenen Branchen wählen und/oder je nach persönlicher Risikobereitschaft den Anteil an spekulativen Aktien (chancen- aber gleichzeitig risikoreiche Aktien) im Depot im Verhältnis zu soliden Wachstumswerten kleiner oder größer halten.

Entwickeln Sie Ihre persönliche Strategie

Jeder sollte seine eigene Strategie entwickeln. Um Ihnen das zu erleichtern, stelle ich Ihnen zuerst meine eigene Strategie und danach die eines schon sehr lange sehr erfolgreichen, aber konservativeren Anlegers vor.

Musterstrategie

Dies ist meine persönliche Strategie:

- Grundsätzlich längerfristige Planung
  Ich kaufe überwiegend Aktien/Aktienfonds, von denen ich denke, dass sie mehrere Jahre gut laufen werden.
- Streuung (Diversifikation)
  Ich verteile auf verschiedene Themen („Anlageideen"), Branchen, Technologien, Länder/Regionen und auch verschiedene Risikoklassen.
- Marktführer wählen
  Die meisten meiner Aktien sind Marktführer in ihrem Geschäftsfeld. Oft wird mein Interesse an einer Aktiengesellschaft durch ein besonders gutes Produkt geweckt. Ich recherchiere dann den Hersteller und seine Position sowie Zukunftsaussichten in der Branche.
- Firmen- und Produktqualität
  Ich bevorzuge Aktien von Firmen, von deren Produktqualität, Unternehmensführung und Geschäftsgebaren ich überzeugt bin.
- Wertpapierqualität
  Ich schaue mir die Kennzahlen und Historie der Aktie und der dazugehörigen Branche an. Ich muss davon überzeugt sein, dass die Börsenwelt die Qualitäten/Erfolgsaussichten, die ich zu erkennen glaube, auch erkennen und anerkennen wird. Achtung: An der Börse wird die Zukunft gehandelt, nicht die Vergangenheit. Was bereits an guten Ergebnissen bekannt ist und beachtet wurde, ist im Kurs schon eingepreist.
- Trends beobachten und ausnutzen
  Wenn mein Interesse an einem bestimmten Thema geweckt ist, informiere ich mich über die Branche/Technologie. In den Neunzigern setzte ich verstärkt auf Computer und Internet (Amazon, AOL,

Yahoo usw.), nach der Krise 2000-2003 auf Emerging-Markets-Fonds (Aktienfonds, die in Schwellenländer wie Osteuropa, Asien, Indien und Lateinamerika investieren), Rohstofffonds und Alternative-Energien-Fonds. Doch auch hier sind inzwischen ein paar Wolken am Himmel, deshalb muss man sich seine eigene Meinung differenzierter bilden.

- Etappenweise einsteigen
Wenn ich mich bei einem Qualitätswertpapier stärker engagieren will, kaufe ich nicht alle Stücke mit einer Order, sondern verteile den Kauf auf zwei bis drei Aufträge. Den ersten Kaufauftrag erteile ich meist, sobald ich die Aktie für wert befinde, in mein Depot aufgenommen zu werden. Wenn das Wertpapier dann aber fällt (und sich an meiner grundsätzlichen Beurteilung nichts geändert hat), erteile ich die Order für das zweite Drittel. Fällt sie weiter fällt, kaufe ich noch mal nach (das ist gefährlich und die Qualität und der Markttrend sollte genau geprüft werden). Falls die Aktie aber nach dem ersten Kauf steigt, dann kaufe ich die restlichen Aktien alle in einem zweiten Orderauftrag. Gegen diese Vorgehensweise sprechen die höheren Gebühren gegenüber einem einzelnen Orderauftrag. Aber in unsicheren Zeiten erreicht man auf diese Weise meist einen faireren Einstiegspreis.

- Veränderungen wahrnehmen, nicht von Hoffnungen leiten lassen
In unruhigen Börsenzeiten versuche ich die Nerven zu behalten. Wenn ich nicht von der Trendumkehr eines gefallenen Wertes innerhalb eines Jahres wirklich überzeugt bin, verkaufe ich den Wert und investiere das Geld lieber anders. Während der Zeit im und nach dem Salamicrash von 2000 bis 2003 erkannte ich (teilweise aber etwas spät), dass einige meiner ehemaligen Start-up-Lieblingsaktien sich wahrscheinlich nie mehr wirklich erholen würden, weil sie einfach nicht für Krisenzeiten gewappnet gewesen

waren. Ich musste lernen, das zu akzeptieren, und sie verkaufen, wollte ich nicht, dass mein Depot noch stärker ausblutete, als es das ohnehin schon getan hatte. Solche Trennungen und das damit verbundene "Verluste realisieren" ist schmerzlich, aber man lernt auch draus und hat die Chance auf einen Neuanfang. Je eher man sich den Tatsachen stellt, desto besser.

Die Zehn Gebote von Spekulatius

Das sind die etwas konservativeren (risikoärmeren), aber über viele Jahre bewährten Tipps von „Spekulatius" (zusammengetragen 1998):

1. Diversifikation
   Bringen Sie Streuung ins Depot sowohl nach Branchen als auch geografisch. Übergewichtungen eines Titels, Landes oder einer Branche sollten nicht von allzu langer Dauer sein. Ausnahme USA: Alleine durch die enorme Größe des Marktes mit seinen sehr vielen guten Titeln wird sich zwangsläufig auch ein recht großer USA-Anteil im Depot finden.
2. Umfeld
   Begutachten Sie vor dem Kauf von Papieren immer das Umfeld. Stimmt die Stimmung an der Börse? Wie werden sich die Zinsen entwickeln? Die sogenannten Leitzinsen werden von den Notenbanken festgelegt. Werden die Zinsen gesenkt, steigt in der Regel die Nachfrage am Aktienmarkt. Was tut sich in den verschiedenen Branchen? Wie wird die Entwicklung in dem beabsichtigten Investitionsland sein und wie wird sich dessen Währung entwickeln (denn wenn Sie z. B. eine amerikanische Aktie kaufen - auch wenn diese an der hiesigen Börse in Euro gehandelt wird - dann ist es so, als wenn Sie erst mal Euro in den US-Dollar tauschen und damit dann die Aktie kaufen. Sie sind

also nicht nur in die Aktie, sondern auch im US-Dollar investiert, mit allen Vor- und Nachteilen. Bedenken Sie auch, dass alles, was an der Börse bekannt ist, im Kurs bereits enthalten ist.

3. Nicht zocken

Setzen Sie nicht auf Turnaroundkandidaten (Aktien, deren Firmenergebnisse und Kurse in den Keller gegangen sind und bei denen man auf eine Wende zum Besseren hofft), sondern lieber auf Wachstumswerte (Firmen, deren Ergebnisse und Aktienkurse über Jahre gesehen beständig steigen). Die Wachstumswerte werden auf lange Sicht schon ihre Leistung (Performance) bringen. Die meisten Turnaroundspekulationen dagegen gehen in die Hose. Denn glauben Sie nicht, dass ein Wert, der sich halbiert hat, sich nicht noch einmal halbieren kann - Beispiele für diesen Fall gibt es genug. Die Vergangenheit ist immer noch der beste Indikator für die Zukunft, aber leider auch keine Garantie dafür, dass es immer so weiter gehen wird.

4. Gewinne laufen lassen, Verluste begrenzen

Man muss auch Verluste realisieren können (Aktien verkaufen, die sich negativ entwickelt haben), wenn in absehbarer Zeit keine Aussicht auf Besserung besteht. Tut man das nicht, hält man irgendwann nur noch "Depotleichen". Diese vernichten nicht nur das Kapital, sondern hindern Sie an neuen Erfolg versprechenden Investments, weil Ihr Kapital durch sie gebunden ist.

5. Vom Schlechtesten trennen

Muss man sich von einem Wertpapier trennen (z. B. weil man Geld benötigt für bessere Investments), dann immer von dem schlechtesten mit den geringsten Erfolgsaussichten, nicht von dem, das am weitesten im Gewinn liegt! Trends laufen meist länger, als man glaubt - in beide Richtungen!

6. Keine Verleiderverkäufe

Ist nach dem Kauf eine Aktie erst mal in die

Verlustzone gerutscht, neigt man dazu, diese wieder zu verkaufen, wenn sie zurück beim Einstiegskurs ist. Das Papier ist aber gerade erst in Schwung gekommen und wird wahrscheinlich auch weiter im Kurs steigen. Also weiter halten. Trends laufen meist länger... s.o.

7. Keine Angst vor dem Crash
   Stellen Sie nie Ihre Positionen glatt (in diesem Fall: Alles aus Angst vor einem Kursrückgang verkaufen), wenn Sie nicht sicher sind, dass ein Crash bevorsteht (und wann ist man das schon?). Sie verpassen sonst u. U. 100 Prozent Gewinn, nur um einem Crash von vielleicht 20 Prozent Wahrscheinlichkeit auszuweichen.

8. Keine Geheimtipps befolgen
   Hören Sie nicht auf "Tipps" von anderen Leuten. Verfolgen Sie Ihre eigene bewährte Strategie. Schreiben Sie sie auf und lesen Sie sie hin und wieder durch, dann bleiben Sie leichter dabei. Seien Sie informiert, aber nicht überinformiert. Lassen Sie sich nicht vom kurzfristigen Tagesgeschehen verrückt machen. Üben Sie Weitsicht.

9. Vorsicht bei Optionsscheinen
   Optionsscheine sind zwar auch Wertpapiere, aber sie gehören zu den Derivaten. Sie haben einen Hebel eingebaut und ihr Wert hängt auch von ihrer Restlaufzeit ab. Sie sind sehr risikoreich und nicht für Anfänger geeignet! Call-Optionsscheine („Wetten" auf steigende Kurse) sollten - wenn überhaupt - nur von Erfolg versprechenden Aktien, Währungen oder Indizes gekauft werden. Aufgeld, Basispreis und Laufzeit müssen akzeptabel sein. Put-Optionsscheine („Wetten" auf fallende Kurse) haben - zumindest mit Aktien oder Indizes als Basiswert - statistisch gesehen weniger Chancen auf Erfolg, weil die Börse mehr steigt als fällt. Optionsscheine sollten - wenn überhaupt - nur zu geringen Anteilen im Depot enthalten sein, denn während man bei Aktien Rückschläge aussitzen kann,

werden Optionsscheine wegen ihrer Laufzeit irgendwann wertlos.

10. Keine falsche Sicherheitsstrategie
    Tauschen Sie nicht aus Angst vor einem Stimmungswechsel an der Börse gute Aktien in festverzinsliche Papiere. Auch Anleihen bleiben nicht von Rückschlägen verschont (eventuell fallen sie weniger - meist aber früher). Läuft die Hausse (Börsenaufschwung) nämlich weiter, verpasst man das, wenn man in Festverzinsliche gewechselt hat.

Wie findet man die richtigen Aktien?

Zuerst einmal schaut man mit offenen Augen um sich: Welche Alltagsprodukte findet man genial? Welche Technologien, Strategien, Produkte, Firmen oder Märkte sind gerade dabei, sich durchzusetzen? Oder welche sind schon seit Langem unentbehrlich und werden ständig verbessert oder erobern sich immer wieder neue Märkte? Welche Geschäftsidee findet man überzeugend und gehört diese zu einer Aktiengesellschaft?

Auf die Art gelangt man zu einer ersten Aktienidee, zu der man dann weitere Nachforschungen anstellen sollte, bevor man sie verwirklicht. Doch dazu später.

Meine erste Aktienidee war AOL (America Online). Damals war das Internet gerade erst geboren und ich fand diese Technologie zukunftsweisend. Ich war überzeugt, dass sich das Internet in allen Bereichen durchsetzen würde, und wer dem Computerlaien den Einstieg so leicht machte wie AOL (und das war 1996 nicht selbstverständlich), der würde damit viel Geld verdienen. Ich war selbst Kunde bei AOL und kannte die Firma daher auch aus Kundensicht. In sie wollte ich Geld investieren und mitverdienen. Und das habe ich auch getan (entgegen vielen anderslautenden Ratschlägen), nachdem ich herausgefunden hatte, wie das ging.

> Risiko eingehen: Ja, wenn man überzeugt ist. Aber mit Verstand.

Der Wert meiner AOL-Aktien hatte sich bis 2000 etwa verfünfzehnfacht, ist dann aber während des Crashs sehr stark gefallen. Zum Glück habe ich aber während des Booms nach und nach einen Teil der Aktien verkauft, weil ich nicht wollte, dass ein einzelner Aktientitel/eine einzige Branche einen so großen Anteil (durch die Verfünfzehnfachung) in meinem Depot hat. Es war also in diesem Fall richtig, meine Überzeugung umzusetzen und (unter anderem) AOL zu kaufen, aber auch für ein gestreutes Depot zu sorgen. Heute gehört die Firma übrigens nicht mehr zu meinen Tipps, denn sie war – meiner Meinung nach - nicht in der Lage, sich schnell genug neu zu positionieren, als der Internetzugang allgemein einfacher wurde.

Nun hat man ja nicht ständig solche Eingebungen, von denen man bis ins Innere überzeugt ist, sondern man muss suchen, recherchieren und sich umfassend informieren. Vielleicht sind Sie ja sowieso jemand, der nicht an Geistesblitze oder Intuition glaubt. Möglicherweise passt es zu Ihnen besser, sich eine Strategie auszusuchen, den Rahmen zu definieren und Ihren Plan dann ohne Wenn und Aber durchzuziehen. Eine solche Strategie könnte beispielsweise so aussehen:
- Nur in Firmen aus den großen Länderindizes (DAX, Dow, Nikkei, Euro Stoxx usw.) zu investieren und dort nur jeweils die Firmen mit der höchsten Dividendenrendite auszuwählen (die Angaben findet man in Börsenmagazinen oder im Internet) oder
- Sie analysieren und rechnen gerne selbst und wollen so vorgehen wie Buffett, der Börsenmilliardär. Dann kaufen Sie sich ein oder mehrere Bücher über seine Strategie und machen es ihm nach.

Jeder muss seine eigene Strategie finden. Erfolg kann man mit ganz unterschiedlichen Strategien haben. Anregungen findet man in Büchern, Börsenmagazinen und im Internet.

An der Börse wird die Zukunft gehandelt!

Eine Firma kann gestern noch so gut gewesen sein, wenn niemand an eine positive Zukunft glaubt und daran, dass die Firma die Erwartungen der Börsianer (und die können sehr hoch sein) im kommenden Jahr oder Jahrzehnt zumindest erfüllen wird, dann wird die Aktie weniger gefragt und der Kurs fällt.

Begutachten Sie Ihre Aktienideen unter diesem Gesichtspunkt mit kritischen Augen. Informieren Sie sich zum Beispiel per Internet, Tageszeitungen, Börsenzeitungen: Hat die Firma einen professionellen Webauftritt, der nicht nur die Kunden, sondern auch die Aktionäre bedient? (Aber Achtung, lassen Sie sich andererseits nicht von einem tollen Webauftritt blenden.) Welche wichtigen Nachrichten gab es in den letzten Monaten zu dieser Firma, zu dieser Branche, zu dieser Region (all das lässt sich sehr leicht bei www.finanztreff.de oder www.onvista.de recherchieren)? Wie waren die Kurse im letzten halben Jahr/im letzten Jahr/in den letzten 5 Jahren/seit Bestehen der Firma? Wer groß investieren will/kann, kann auch zunächst nur eine kleine Menge Aktien kaufen und dann an einer Hauptversammlung teilnehmen und dort Fragen stellen (vorher anmelden).

Wichtige Kennzahlen von Aktiengesellschaften

Hier die wichtigsten Kennzahlen, die bei der Beurteilung einer Aktiengesellschaft helfen können, und was sie bedeuten:

Ergebnis pro Aktie
Nettogewinn der Firma umgerechnet je Aktie

Dividendenrendite
(Geschätzte) Dividende für das Geschäftsjahr dividiert durch den Börsenkurs multipliziert mit 100.

Kurs-Gewinn-Verhältnis (KGV)
Aktueller Börsenkurs dividiert durch das geschätzte Ergebnis je Aktie. Schauen Sie sich das KGV für das laufende oder das Folgejahr an. Ist das KGV einer Firma niedriger als das des Branchendurchschnitts, dann meinen manche Börsenteilnehmer, diese Aktie sei unterbewertet und wird bald entdeckt und somit steigen. Also kaufen sie die Aktie. Ich persönlich denke bei so einer Aktie aber eher an einen Ladenhüter, den keiner will, weil keine positive Zukunft erwartet wird - so etwas kaufe ich nicht. Beobachten Sie selbst, machen Sie Ihre eigenen Erfahrungen.

Cashflow je Aktie
Liquiditätsüberschuss. Jahresüberschuss plus Abschreibungen plus Veränderung der langfristigen Rückstellungen dividiert durch die Anzahl der Aktien.

KCV
Aktueller Börsenkurs dividiert durch den Cashflow je Aktie.

Fundamentale Analysen

Aktienanalysen, die sich an den obigen Kennzahlen und andere fundamentale Daten (unternehmensbezogene und volkswirtschaftliche Daten) orientieren, werden „fundamentale Analysen" genannt. Wie man sieht, sind die Kennzahlen teilweise von gestern oder basieren auf Prognosen, von denen man noch nicht weiß, ob sie auch eintreffen.

Übrigens findet man die obigen Kennzahlen zu jeder Aktie unter Anderem in „Börse Online", einem Magazin für Privatanleger, sowie auf Börsenplattformen wie www.onvista.de und finanztreff.de.

Technische Analysen

Ein Chart ist der bisherige Kursverlauf einer Aktie, eines Aktienfonds oder eines anderen Anlageproduktes in Form einer Grafik dargestellt. Die Chartanalysten, die die sogenannte technische Analyse betreiben, haben eine eigene „Wissenschaft" entwickelt, aus einem Chart (der die Vergangenheit widerspiegelt) die Zukunft vorherzusagen.

„Anlageideen"

Ich persönlich gucke mir zwar die fundamentalen Kennzahlen an, begutachte die Charts und lausche den Meinungen von Analysten, aber letztendlich entscheide ich nach meinem eigenen Gefühl und dem gesunden Menschenverstand.

Früher habe ich fast ausschließlich in Aktien investiert – eine Mischung aus verschiedenen Branchen, doch mit einem hohen Technologieanteil. Seit ca. 2003 habe ich nicht nur einzelne Aktien in meinem Depot, sondern nehme Aktienfonds auf, weil ich (unter anderem) in die sich entwickelnden Märkte in Osteuropa, Asien, Lateinamerika und inzwischen auch Afrika investieren wollte/will. Da es aber schwierig ist, an diesen "Emerging Markets" (Schwellenländer-Märkte) direkt in einzelne Firmen zu investieren, habe ich Aktienfonds ausgewählt, deren Länderauswahl, Strategie und/oder Branchenzusammensetzung mir gefallen haben. Auch von den Fonds habe ich mir jeweils genau den Chartverlauf der letzten Jahre und ihre Kennzahlen (Fondskennzahlen, Fondsstruktur hinsichtlich Länder, Branchen, größte Aktienanlagen, Währungen) angeschaut (beispielsweise bei www.onvista.de, www.finanztreff und www.fondsweb.de).

Eine Zeit lang nutzte ich für die Umsetzung meiner Anlageideen auch Basket- und Indexzertifikate. Basketzertifikate sind eine Konstruktion, die eine Anlageidee abbilden, Indexzertifikate bauen einen Index nach. Doch ich bin 2010 davon weggegangen, da man bei Zertifikaten nicht weiß, ob der Herausgeber tatsächlich Aktien z. B. in diesem Schwellenland kauft – und ich wollte Investor sein und mit meinem Geld nebenbei etwas Positives tun, nämlich die Entwicklung in ärmeren Ländern unterstützen. Außerdem gibt es bei Zertifikaten ein Herausgeberrisiko: Bei Insolvenz des Herausgebers kann das investierte Geld verloren sein. Bei Fonds ist das Fondsvermögen nämlich als Sondervermögen geschützt, bei Zertifikaten jedoch nicht. Doch auch bei Aktienfonds gibt es Risiken zu beachten, die im Kapitel über Aktienfonds beschrieben werden.

Wie Sie sehen, ist es grundsätzlich für einen Anleger wichtig, sich eine Meinung zu bilden, vor allem, wenn man wie ich einen relativ hohen spekulativen Anteil in seinem Depot hat.

Welche Werte Sie in Ihr Depot aufnehmen, ist **Ihre Verantwortung und Entscheidung**. Vielleicht möchten Sie schwerpunktmäßig auf die „Old Economy" (die alteingesessenen Branchen wie Auto, Pharma-Unternehmen, Banken) der westlichen Industrienationen setzen oder vor allem Wachstumswerte wählen. Strategien gibt es tatsächlich wie Sand am Meer und auch zig Bücher darüber.

Warren Buffett wird als erfolgreichster Börsianer der Welt angesehen. Er hat ein geschätztes Vermögen von 66,9 Milliarden US-Dollar (Stand 2016). In seiner Strategie spielen Disziplin, Zeit (Zinseszinseffekt) und der innere Wert des Unternehmens eine wichtige Rolle.

Warren Buffetts Strategie wird in zahlreichen Büchern beschrieben, sodass Sie sie nachmachen können. Sie können aber auch Aktien seiner Berkshire Hathaway Inc. Registered Shares Beteiligungsgesellschaft

Ein weiser Spruch, der Warren Buffett zugeschrieben wird: "Wenn die Ebbe kommt, sieht man, wer ohne Badehose ins Wasser ging."

erwerben und so ohne großen Aufwand an seiner Strategie teilhaben (WKN: 854075, WKN: 900567).
Informationen zum Lebenslauf von Warren Buffett, finden Sie bei http://de.wikipedia.org/ wiki/Warren_Buffett im Internet.

Analysten und andere Wahrsager

Das Zitat von Michael Mross, Autor und TV-Börsenjournalist, über die Börse kann ich nur unterstreichen: „Keiner weiß was, aber alle reden drüber" (Börse kinderleicht, Bild-Buch, S.12).

Bedenken Sie, es ist Ihr Geld und es ist Ihre Verantwortung, wie Sie Ihr Vermögen anlegen, Ihr Depot einteilen und welche Wertpapiere Sie kaufen. Die Meinungen von Analysten und anderen anzuhören, ist interessant und kann helfen, sich eine eigene Meinung zu bilden. Auch ist es manchmal wichtig mitzubekommen, wie die Stimmung für eine bestimmte Aktie oder am Markt allgemein ist. Aber unkritisch auf Analysten, Börsengurus, Börsenjournalisten und ähnliche Personen hören, sollte man nicht.

Es gibt den Spruch an der Börse: „Zwei Analysten drei Meinungen". Und wenn Sie sich ein paar Börsensendungen im Fernsehen anschauen, wissen Sie, dass das stimmt. Wem also glauben?

Weder Analysten noch TV-Journalisten/-Moderatoren oder andere Börsenbeobachter können in die Zukunft blicken. Jeder versucht es auf seine Weise, so gut er kann, aber die Zukunft hat eben oft Überraschungen parat. Sollte man schon bei seriösen Analysten vorsichtig sein, die tatsächlich Daten zusammensuchen, Firmenpräsentationen besuchen, recherchieren, rechnen und zeichnen, den Markt beobachten usw., so gilt das erst recht bei sogenannten Geheimtipps, die man beispielsweise in den Internet-Foren erhält. Das soll nicht heißen, dass alle Tipps schlecht sind, aber Sie sollten Tipps grundsätzlich nicht ohne Überprüfung befolgen - das gilt für meine natürlich auch.

Manche Tipps im Internet (in Börsenforen, bei Twitter, Facebook, XING etc.) werden gegeben, um eine Aktie zu „pushen" (den Kurs in die Höhe zu treiben). Derjenige, der den Tipp gibt, hat die Aktie schon billig eingekauft, und wenn der Kurs dann aufgrund seines Tipps steigt, verkauft er schnell mit Gewinn. Irgendwann stellt sich aber heraus, dass es gar keinen fundamentalen Grund dafür gibt, dass der Kurs der Aktie so hoch ist, und er fällt plötzlich so schnell zusammen, wie er vorher gestiegen war. Die Letzten, die aus der Blase rausspringen, zahlen dann die Zeche. Es geht das Gerücht, dass auch in TV-Sendungen, Börsenmagazinen und in Börsenbriefen solche schwarzen (Pusher-) Schafe unterwegs sind.

Trotzdem ist es immer interessant, zu hören, was andere über einzelne Wertpapiere/Firmen sagen oder wie sie die Lage beurteilen - aber nur um sich dann ein eigenes Urteil zu bilden. Außerdem enthalten sowohl Börsensendungen als auch Börsenbriefe meist einen "Schulungsteil", in dem Wertpapierarten oder Marktzusammenhänge erklärt werden. Viele hilfreiche Informationen findet man auch auf den Online-Finanz-/Investorseiten der Tageszeitungen und Nachrichtensender. Beispiele:

www.boerse-am-sonntag.de
www.faz.net
www.n-tv.de

Aktienfonds und ETF

Ein Aktienfonds ist eine Form des Investmentfonds, der das Fondsvermögen hauptsächlich in Aktien investiert. Diese Aktien können beispielsweise einen Index oder eine bestimmte Anlageidee (Regionen/Länder, Technologien, Branchen, Firmen-Ethik wie Umweltbewusstsein, soziale Projekte, Religionsmaßstäbe etc.) nachbilden. Mit Kauf von

Anteilen an einem Aktienfonds (verbrieft durch Anteilsscheine, die im Wertpapierdepot aufbewahrt werden) wird man also Anteilseigner am Fondsvermögen und damit einem ganzen Aktienpaket, das entsprechend einer Anlagestrategie geschnürt wurde und gemanagt wird.

Aktienfonds ermöglichen Streuung bei geringerem Aufwand für den Anleger. Dennoch sollte man nicht alles in einen einzigen Aktienfonds investieren.

Aktienfonds werden von Fondsgesellschaften angeboten und von einem Fondsmanager verwaltet. Die Ausrichtung des Fonds und alle dazugehörigen Daten werden im jeweiligen Verkaufsprospekt beschrieben.

Kriterien für die Auswahl eines Fonds sind Fungibilität (wie schnell und einfach kann ich den Fonds verkaufen, wenn ich ihn nicht mehr möchte), Anlagestrategie des Fonds und die Risikobereitschaft/Anlagestrategie des Anlegers (Vermögenserhalt = wenig Risiko oder Vermögensvermehrung = höhere Chancen und Risiken).

Unter Performance eines Fonds versteht man die Wertentwicklung über einen Zeitraum hinweg - wobei neben der Kursentwicklung alle Erträge einschließlich der Inventarwertsteigerungen berücksichtigt werden. Die Performance wird oft in Vergleich gesetzt mit einer Benchmark (= "Messlatte", z. B. einem (Performance-)Index). Natürlich ist das Ziel des Fondsmanagers, den Index zu schlagen.

Begriffe zu Fonds, die man kennen sollte

Ausschüttende Fonds
Bei den ausschüttenden Fonds werden die Erträge (Zins- und Dividendeneinnahmen, Kursgewinne aus Umschichtungen etc.) jährlich an die Anteilseigner ausgeschüttet.

Thesaurierende Fonds
Bei thesaurierenden Fonds (Wachstumsfonds) werden die Erträge nicht ausgeschüttet, sondern reinvestiert. Dadurch hat man dann auch eine Art Zinseszinseffekt.

Publikumsfonds
Fonds, die Privatanlegern angeboten werden.

Chancen und Risiken von Aktienfonds

Je nach Art des Aktienfonds ist dieser mehr oder weniger chancen- und risikoreich. Beispielsweise sind Aktienfonds, die auf Emerging Markets (Entwicklung der Schwellenländer wie Brasilien, Indien, China) oder eine neue Technologie spezialisiert sind, zwar chancen- aber eben auch sehr risikoreich. Bei Aktienfonds, die in ausländische Aktien investieren, hat auch die Entwicklung der Währungen eine Auswirkung auf den Kurs (Währungsrisiko). Im Vergleich dazu ist ein Fonds, der den Deutschen Aktienindex DAX nachbildet, weniger chancen- (rendite-) aber auch weniger risikoreich - auf lange Sicht, kurzfristig kann es sehr wohl auch beim DAX zu ziemlichen Einschnitten kommen, die sich manchmal erst nach Jahren wieder verwachsen.

Bei der Auswahl von Aktienfonds sollte man sich Zeit nehmen und verschiedene Fonds und deren Herausgeber miteinander vergleichen bzw. über sie recherchieren. Es ist immer empfehlenswert, sich den Verkaufsprospekt und die letzten monatlichen Fact Sheets anzuschauen - dort findet man Angaben zur Anlagestrategie (wie viel Prozent tatsächlich in die Aktien investiert werden, auf die man nach dem Namen des Fonds schließen würde, und wie viel in andere Wertpapiere (beispielsweise Derivate oder völlig andere Märkte). Da auch Hedgefonds im UCITS-III-Mantel, die nur "unter anderem" in Aktien investieren, bei den Börseninformationsplattformen oft als "Aktienfonds" geführt werden, sollte - wer diese Plattformen zur Fondsauswahl nutzt - sich das Fonds-Porträt und am besten auch den Fondsprospekt sehr genau anschauen.

Mit einem Aktienfonds bringt man also schon mehr Streuung ins Depot als mit einer einzelnen Aktie bzw. Aktien von einer Firma. Doch wie bei der Anlage in einzelne Aktien gilt auch bei Aktienfonds, dass sie sich für längere Anlagehorizonte eignen, damit man nicht gerade in einer Börsenkrise verkaufen muss. Und wie bei Aktien sollte man auch nicht nur auf einen Aktienfonds setzen, sondern mehrere Aktienfonds mit verschiedenen "Anlageideen" (= Ausrichtungen) in sein Depot aufnehmen.

An den Renditechancen der Emerging Markets partizipieren

Sah man die Chancen Ende der 1990er Jahre vor allem in Technologiefirmen in Westeuropa und dem nördlichen Amerika, wollte man als Aktionär ein paar Jahre später auch an der positiven Entwicklung der Schwellenländer (Emerging Markets: China/Hongkong, Indien und Brasilien/Lateinamerika, Osteuropa, Afrika ...) teilhaben. Da es immer noch schwierig ist, die nötigen Informationen zu interessanten Aktien und vor allem auch das nötige Gespür für den entfernten Markt zu bekommen und die Aktien auch nicht unbedingt in ausreichender Menge - wenn überhaupt - an den hiesigen Börsen gehandelt werden, liegt es nahe, hier auf Aktienfonds statt Einzelaktien zu setzen, zum Beispiel auf Exchange traded Funds (ETF).

Es gibt Aktienfonds für Schwellenländer global (ein derartiger Fonds beinhaltet Aktien aus Schwellenländern weltweit), für die BRIC-Staaten (Brasilien, Russland, Indien, China), für die BRICK-Staaten (wie BRIC plus Korea), für die BRIICS-Staaten (Brasilien, Russland, Indien, Indonesien, China, Südafrika) und Aktienfonds für die einzelnen Schwellenländer/-regionen - also beispielsweise Aktienfonds für die Region Brasilien (oder Brasilien/Lateinamerika), Aktienfonds für China/Hongkong, Aktienfonds für Indien, Aktienfonds für Russland bzw. die Schwellenländer Osteuropas etc.

In den letzten Jahren gab es allerdings Rückschläge in der Entwicklung der Emerging Markets, sodass hier Vorsicht geboten ist.

Für fortgeschrittene Anleger eignen sich zur Verwirklichung der Anlageidee "Emerging Markets" alternativ oder ergänzend auch Open-End-Index- oder -Basket-Zertifikate. Allerdings sollte man einen wichtigen Unterschied zwischen Aktienfonds und Zertifikaten kennen: Wird der Herausgeber des Fonds zahlungsunfähig, so ist das Fondsvermögen als Sondervermögen bei der Insolvenz geschützt. Wird der Herausgeber eines Zertifikates zahlungsunfähig, besteht das Risiko eines Totalverlustes. Man hat also neben dem Kurs- und dem Währungsrisiko auch noch das "Emittentenrisiko" - umso wichtiger ist es, Zertifikate nur von finanziell soliden Banken zu kaufen (aber am Beispiel der Pleite von Lehman Brothers sieht man, wie schwierig die Einschätzung sein kann). Ein weiterer Gesichtspunkt: Bei Aktienfonds wird tatsächlich in die Entwicklung von Firmen investiert, da Aktien tatsächlich gekauft werden (Ausnahme sind Hedgefonds im UCITS-III-Mantel sowie Swap-ETF). Bei Index- /Basketzertifikaten weiß man meist nicht, ob die herausgebende Bank tatsächlich die im Index oder Basket enthaltenen Werte kauft - will man also Investor in dem Sinne sein, dass man mit der Investition reale Firmen einer Region oder Branche unterstützt und dafür mitverdient, dann sind dazu Zertifikate weniger geeignet (außer es wird im Verkaufsprospekt Gegenteiliges bescheinigt).

Fonds-Kosten

Ausgabeaufschlag

Aktienfonds werden von Fondsgesellschaften herausgegeben und mit Ausgabeaufschlag (Agio) verkauft - das ist ein Aufschlag auf den offiziellen Rücknahmepreis, der oft z. T. an die vermittelnde Bank als Provision geht. Der Ausgabeaufschlag beträgt bis zu fünf Prozent und mehr. Es lohnt sich also die Fonds bzw. die vermittelnden Banken miteinander zu vergleichen - u. a. wegen des Ausgabeaufschlags, aber auch hinsichtlich der jährlichen Verwaltungskosten und anderer Gebühren.

Einen "normalen" Aktienfonds kauft man bei der Fondsgesellschaft über seine Bank. Bei Direktbanken, Online-Brokern und Fondsvermittlern werden allerdings oft Rabatte (bis zu 100 %) auf den Ausgabeaufschlag gewährt. Der Ausgabeaufschlag fällt weg, wenn man den Fonds an der Börse erwirbt (falls er ein börsengehandelter Aktienfonds = Exchange traded Fund, ETF ist).

Verwaltungsgebühren bei Aktienfonds

Während der Ausgabeaufschlag einmalig bezahlt werden muss (wenn man den Fonds nicht über die Börse kaufen kann), fallen Verwaltungskosten jährlich an - sie werden dem Fondsvermögen für den Fondsmanagementaufwand entnommen.

Depotbankvergütung bei Aktienfonds

Für die vom sonstigen Vermögen getrennte Aufbewahrung des Fonds muss die Fondsgesellschaft Depotbankgebühren bezahlen, die sie sich vom Anleger zurückholt.

"Performance Fee" bei Aktienfonds"

Manche Fonds entnehmen neben der Verwaltungsgebühr eine "Performance Fee", wenn der Fondsmanager einen Vergleichsindex schlagen konnte.

Fonds vergleichen

Um die verschiedenen Fonds miteinander vergleichen zu können, wurde die Kennzahl TER (Total Expense Ratio = Gesamtkostenquote) eingeführt. TER beschreibt die jährlichen Kosten des Fonds. Darin enthalten sind Verwaltungsgebühren und Depotbankgebühren. Nicht enthalten sind Transaktionskosten (für die Käufe und Verkäufe der einzelnen Positionen im Fonds) und auch nicht die "Performance Fee".

Beim Vergleichen von Fonds muss man sich also für die Entscheidungsfindung anschauen:

- die Fondsgesellschaft/Investmentgesellschaft,
- den Fondmanager,
- den Fonds als solchen:
  Anlagestrategie, Performance in der Vergangenheit im Vergleich zu anderen Anlageprodukten und Fonds gleicher Art etc.,
- Höhe des Ausgabeaufschlags,
- TER (Gesamtkostenquote),
- Höhe der erfolgsabhängigen Performance Fee,
- Fungibilität (wie leicht kann man den Fonds auch wieder verkaufen – das ist am einfachsten bei viel gehandelten börsengehandelten Fonds)
  Wenn man den Fonds bei der Fondsgesellschaft gekauft hat, kann man ihn oft nur wieder an diese verkaufen (täglich, wöchentlich o. ä.). Man sollte sich

auch den Unterschied zwischen den Einkaufs- und Verkaufspreisen der Fondsgesellschaft und - falls es ein börsengehandelter Fonds ist - im Vergleich dazu die entsprechenden Bid- und Ask-Kurse an den Börsen anschauen.

Börsengehandelte Aktienfonds (Exchange-traded funds - ETF)

Börsengehandelte Aktienfonds sind Fonds, die an der Börse gehandelt werden. Das heißt, für sie ergibt sich der Kurs aus Angebot und Nachfrage, hängt aber logischerweise mit den aktuellen Kursen der enthaltenen Aktien zusammen. Für den Handel mit ihnen zahlt man auch nur die an der Börse üblichen Gebühren für Kauf und Verkauf.

Früher wurden nur Indexfonds an der Börse gehandelt, weshalb auch heute noch in manchen Veröffentlichungen die Bezeichnung ETFF oder ETF als Synonym für börsengehandelte Indexfonds benutzt wird. Ihre Gebühren sind besonders niedrig, da für sie kein aufwendiges Fondsmanagement benötigt wird, da sie nur einen Aktienindex nachbilden (= passives Portfoliomanagment). Doch inzwischen werden auch sehr viele andere Aktienfonds an den Börsen notiert. Diese anderen börsengehandelten Fonds, die keine Indexfonds sind, werden als börsengehandelte, „gemanagte" Fonds bezeichnet.

Für ETF (Index- und gemanagte) sprechen neben den geringeren Nebenkosten (Orderprovision, Maklercourtage etc. sind i. d. R. niedriger als der Ausgabeaufschlag), dass sie schnell liquidiert (verkauft) werden können - wenn man beim Kauf darauf geachtet hat, einen Fonds auszuwählen, der täglich in hohen Stückzahlen an der Börse gehandelt wird.

Nach ETF muss man explizit nachfragen bzw. selbst nach ihnen recherchieren, denn da die Banken an ihnen keine Provision verdienen, haben sie die oft nicht in ihrem Empfehlungsrepertoire. Wenn Sie also irgendwo von einem interessanten Fonds gelesen haben, dann schauen Sie einfach bei einer der Internetplattformen, die Kurse, Charts und Informationen bereitstellen nach, ob und an welchen Börsen dieser Fonds wie oft gehandelt wird.

Volle Replikation vs. synthetische Replikation/Swap-ETF
Inzwischen werden bei vielen indexbasierten ETF nicht die dahinterstehenden Werte gekauft, sondern statt dessen ein ganz oder teilweise völlig anderer Wertpapierkorb und eine Swap-Vereinbarung mit einem "Swap-Kontrahenten" für den wertmäßigen Differenzausgleich. Wer also Wert auf eine reale Investition in die im Index enthaltenen Werte legt, sollte nach voll replizierenden ETF (full replication) schauen und synthetische Replikation bzw. Swap-ETF meiden. Die entsprechenden Angaben findet man im Verkaufsprospekt und den Fact Sheets.

ETF mit Hebel
Seit Kurzem gibt es Index-ETF mit eingebautem Hebel: Wenn der Index um 1 % steigt oder fällt, dann steigt dieser ETF um ein Vielfaches (je nach Hebel). Gehebelte ETF sollten nur erfahrene Anleger, die bereit sind ein hohes Risiko einzugehen und Verluste verkraften können, in ihr Depot aufnehmen!

Informationen zu Fonds
Informationen zu Fonds findet man in

- Fondsmagazinen,
- Finanz- und Börsenzeitungen,
- bei Banken (von der Sparkassenfiliale bis zu den Direktbanken/Online-Banken) und

- im Internet, z. B. unter folgenden URLs:
  www.fondsweb.de
  www.investmentfonds.de
  http://verbraucherschutz.wtal.de/investmentfonds.htm

Informationen kann man auch bestellen beim:
- Bundesverband Deutscher Investment-Gesellschaften
  Eschenheimer Anlage 28
  60318 Frankfurt
  www.bvi.de

Fondssparen

Wenn man keine größere Summe zur Verfügung hat, aber
monatlich etwas sparen könnte, kann Fondssparen eine gute
Möglichkeit sein.

Auch hier sollte man seine Wahl sorgfältig treffen. Wie oben
bereits erwähnt, gibt es viele verschiedene Aktienfonds, die
sich auch ganz unterschiedlich entwickeln, je nachdem welche
Aktien sie enthalten.

Bei der Auswahl des Fonds sollte man auch nicht nur auf das
letzte halbe Jahr gucken, sondern lieber längerfristig
zurückblicken. Es gibt Fonds, die steigen in einem Jahr um
100 % (aus einem Euro werden 2 Euro) und fallen im
nächsten um 80 % (dann sind nur noch 0,40 Eurocent übrig).
Trotzdem ist auch eine gute Vergangenheit keine Garantie für
eine gute Zukunft. Um zu sehen, wie der Fonds in
Krisenzeiten reagiert, kann man mittels Charttool (z. B. bei
www.onvista.de) die Kurve der Wertentwicklung des Fonds
und die passende Indexentwicklung übereinanderlegen. Der
Fonds sollte nicht dauerhaft schlechter als der Index sein.
Fonds, die in guten Zeiten nach oben schnellen und in
Krisenzeiten besonders stark fallen, bergen die höchsten

Chancen aber auch Risiken – sie sind für risikofreudige Anleger eine gute Beimischung.

Sicherer sind Fonds, deren Kurse über Jahre langsam und gleichmäßig steigen, auch wenn die Rendite vielleicht nicht so hoch ist. Damit entstehen beispielsweise aus 100 Euro monatlich in 10 Jahren 18.137 Euro, in 20 Jahren 57.294, in 30 Jahren 141.831 Euro bei einer jährlichen „Verzinsung" von 8 % plus Zinseszins. Daran sieht man wieder, wie viel der Faktor Zeit ausmacht. Je früher man anfängt, desto besser.

Das Gute beim Fondssparen ist, dass man die Zahlungen auch aussetzen kann (Vertrag beachten), falls es finanziell mal nicht so gut läuft, oder dass man auch mal große Beträge einzahlen kann, wenn man größere Geldbeträge verfügbar hat.

Riester-Fondssparpläne
Riester und Rürup sind zwei Modelle der Altersvorsorge, welche durch Steuernachlässe und Subventionen vom Staat gefördert werden. Eine Möglichkeit, die dadurch interessant werden kann, ist das Sparen mit Riester-Fondssparplänen.

Mehr Informationen zum Thema hier:
www.finanztip.de/riester/riestern-mit-fonds/
www.zeit.de/online/2006/18/Lebenslagen
www.bvi.de/de/altersvorsorge/index.html

Besonderheit: Geschlossene Fonds

Geschlossene Fonds können chancen- aber auch risikoreich sein - weshalb man sich unabhängig beraten lassen sollte. Bei geschlossenen Fonds ist der Anleger i. d. R. sehr langfristig gebunden. Will er während der Laufzeit Fondsanteile verkaufen, kann er dies meist nur mit Verlusten. Besondere Vorsicht ist geboten, wenn der Vertrag eine Nachschusspflicht vorsieht oder wenn die Haftung über die Kommanditeinlage hinausgeht.

Ethische, ökologische und nachhaltige Aktien und Investmentfonds finden

Wer sein Geld in nachhaltigen Unternehmen anlegen möchte, kann
- selbst Unternehmen recherchieren, die seinen Kriterien entsprechen und die Aktien kaufen,
- einen Anteil an einem Nachhaltigkeits-Aktienfonds/Ökologie-Aktienfonds kaufen,
- sich bei der Auswahl von Aktien und Aktienfonds an Nachhaltigkeits-Strategie-Indizes orientieren.

Wobei man sowohl bei den Nachhaltigkeits-Aktienfonds, als auch bei den Nachhaltigkeits-Strategie-Indizes genau schauen muss, was die Herausgeber jeweils unter Nachhaltigkeit/Ökologie verstehen bzw. wonach die Aktien im Aktienfonds bzw. im Nachhaltigkeitsindex ausgewählt werden:

- Nachhaltigkeit – Ausschlusskriterien
  beispielsweise keine Atomkraft, keine Gentechnik, keine Kinderarbeit und/oder keine Waffenproduktion,

- Nachhaltigkeit – Positivkriterien
  beispielsweise Unternehmen aus dem Bereich
  Ökologischer Anbau, Recycling, Regenerative Energien
  (Sonnenenergie/Photovoltaik, Windenergie, Geothermie
  etc.),
- Nachhaltigkeit – Engagement
  beispielsweise Unternehmen aus einer Branche, die nicht
  direkt mit Nachhaltigkeitsthemen zu tun hat, aber ihren
  Strom ökologisch selbst erzeugen.
- Nachhaltigkeit - die Besten-der-Branche-Konzept (Best in
  Class, relativer Ansatz)
  beispielsweise werden die nach einer definierten Vorgabe
  "Besten" der Branche o. ä. bestimmt.

Bei Best-in-Class-Auswahlverfahren ohne weitere
Einschränkungen oder Positivkriterien haben Anleger schon
unangenehme Überraschungen erlebt, als sie feststellten,
dass ihr Ökologie-/Nachhaltigkeitsfonds Ölkonzerne,
Atomkonzerne oder Rüstungsunternehmen enthielt.

Nachhaltigkeits-Indizes

Die wichtigsten Nachhaltigkeits-Indizes, nach denen sich auch
viele Nachhaltigkeits-/Ökologie-Fonds richten und die man
auch als Orientierungshilfe nutzen kann, wenn man seine
Aktien selbst auswählen will:

- Natur-Aktien-Index (NAI)
  Enthält 30 Unternehmen; umweltschädliche Branchen sind
  dabei von vorneherein ausgeschlossen; bewertet wird
  ökonomisch, ökologisch und sozial nachhaltiges Handeln,
  Einsparung von Energie und Wasser, Vorreiter ihrer
  Branche u. a. m.
- MSCI KLD 400 Social Index (bis Juli 2009: Domini 400
  Social Index, dann bis 2010 FTSE KLD 400 Social Index)
  Enthält 400 Unternehmen; soziales und ökologisches

Handeln stehen im Vordergrund; Ausschlusskriterien (bei Erreichung definierter Grenzen) sind Engagement in Alkohol, Tabak, Feuerwaffen, Rüstungsindustrie, Glücksspiel, Atomkraft.

- Öko-Aktienindex (nx-25)
  Der Nachhaltigkeits-Aktienindex nx-25 des Börseninformationsdienstes ÖKO-INVEST (Chefredakteur: Max Deml) aus Wien enthält 25 Unternehmen, die nach ethisch-ökologischen Kriterien - nach Ländern und Branchen gestreut - ausgewählt werden.
- ÖkoDAX
  Enthält 10 Unternehmen aus dem Bereich erneuerbarer Energien.
- Stoxx Global ESG Leaders
  (verschiedene Kriterien, siehe Fact Sheet)
- Dow Jones Sustainability Index
  ("Corporate Sustainability", Best-in-Class-Konzept)
- FTSE-4-Good
  (Best-in-Class-Konzept)

Im Vergleich der verschiedenen Nachhaltigkeitsindizes zeichnen sich die "strengen" Indizes wie der NAI nicht nur durch eine strenge Auslegung des Nachhaltigkeitskonzeptes, sondern auch durch eine gute Performance/Wertenwicklung aus.

Wer einzelne Aktien mithilfe eines Nachhaltigkeitsindex herauspicken möchte, sollte sich unbedingt für jede Aktie den Chart (Kursverlauf) der letzten Jahre und den Handel an deutschen Börsenplätzen anschauen (an wie vielen Börsenplätzen wird die Aktie in welchen Stückzahlen regelmäßig gehandelt etc.). Bei der Wahl eines Aktienfonds sollte man, neben dem Aspekt Nachhaltigkeit, auch die sonstigen Kriterien für die Fondsauswahl beachten.

Und wenn ein Crash kommt?

Die Angst das angelegte Geld zu verlieren, ist an der Börse fast allgegenwärtig. Und das ist gut so, denn es schützt manch einen vor Leichtsinn. Wenn man sich die Crashhistorie von „Spekulatius" anschaut, dann sieht man, dass sich ein Crash auch wieder verwächst, vorausgesetzt man hat eine Langzeitstrategie für seine Investitionen und man muss nicht im Tief verkaufen. Deshalb noch einmal: Man sollte nur mit solchem Geld an der Börse arbeiten, welches man in näherer Zukunft nicht benötigt, und grundsätzlich nicht auf Kredit spekulieren. Dann kann man den Crash mehr oder weniger gelassen aussitzen. Selbst wenn eine Aktie nach dem Crash tatsächlich nicht wieder auf die Beine kommt, stimmt es im Depot unterm Strich immer noch, wenn man ein gut gestreutes Depot mit Qualitätswerten hat.

Spekulatius' Crash-Historie

In der folgenden Tabelle (Tabelle 1) sehen Sie am Beispiel des amerikanischen Aktienindexes (Dow Jones), wie schnell sich Kurseinbrüche in der Regel wieder "verwachsen.

Fünfzig Prozent der "Crashs" (besser Kurskorrekturen) zwischen 1981 und 1998 waren nach drei Monaten wieder aufgeholt. Der längste brauchte jedoch 18 Monate.

Der Index hatte im Intervall vor jedem Kurseinbruch stark zugelegt (Vorher-Plus %). War man schon länger investiert, lag man trotz des Rückschlags im Gewinn.

Tabelle 1: Crash-Historie des Dow Jones

Jahr	Inter-vall	Minus %	Vorher-Plus %	Dow J. vorher	Dow J. hinter-her	Aufge-holt in Monaten
1981	4	20	33	1000	800	6
1984	3	15	63	1300	1100	3
1987	3	28	127	2500	1800	18
1990	3	20	67	3000	2400	8
1994	4	13	67	4000	3500	9
1996	2	1	166	5800	5200	3
1997	1	13	59	8300	7200	3
1998	1	19	30	9300	7500	3

(Stand 11/98)

Der Salami-Crash von 2000 bis 2003

Der deutsche Aktienindex (DAX) lag im März 2000 um die 8.000 Punkte. Das war auf dem Höhepunkt eines wahren Aktienhypes - allein im letzten halben Jahr hatte er über 50 Prozent zugelegt. Jeder warf damals sein Geld in den Aktienmarkt, ohne sich die Mühe zu machen, zu schauen, in was er/sie investierte oder sich eine Strategie zu überlegen. Viele zockten dazu auch noch mit geliehenem Geld.

Dann kam die Ernüchterung, besonders am damaligen Neuen Markt. Es folgte ein Salami-Crash, verstärkt durch die Terror-Anschläge vom 11. September 2001 in den USA.
Anfang 2003 war der DAX dann auf den Knien - bei 2.500 Punkten angelangt (das war der niedrigste Stand seit 1995). Sein Allzeithoch vom März 2000 erreichte er erst wieder Mitte 2007 - nach mehr als sieben Jahren.

> Es kann manchmal auch mehrere Jahre dauern, bis sich ein Crash verwächst. Zeit, seine Anlagestrategie zu überprüfen. Es lohnt sich, weiterzumachen.

Crash 2008

Anfang 2008 ging es als Folge der durch die amerikanische Immobilienkrise ausgelösten weltweiten Bankenkrise und späteren Wirtschaftskrise wieder stark nach unten. Der DAX fiel von über 8.000 Punkten auf weit unter 4.000 Punkte (Tiefstand war im Frühjahr 2009). Aber Anfang 2011 stand er schon wieder über 7.000. Heute, am 11. Mai 2016 hat der DAX einen Kurswert von 9.979 Euro, im Vormonat war er kurzzeitig sogar schon über die 10.400 geklettert.

Überlebensstrategie langfristiger Anlagehorizont

Ich bin seit 1996 an der Börse aktiv, habe also mehrere schlimme Crashs und viele kleine Korrekturen miterlebt und finanziell überlebt. Dank meines langfristigen Anlagehorizonts konnte ich nach jedem Crash mit der nächsten Welle wieder nach oben geschwemmt werden und habe nach heutigem Stand eine viel bessere Rendite im Vergleich zu einem Sparbuch, Tagesgeld o. ä. erzielt. Heute würde ich aber dazu neigen, kein Geld mehr in Aktien oder Aktienfonds anzulegen, das ich mit großer Wahrscheinlichkeit innerhalb der nächsten 3 bis 5 Jahren benötige.

*Crash-Warnsignale**

Hier einige Warnsignale, die auf einen bevorstehenden Börsencrash hinweisen können, wenn mehrere davon gleichzeitig zutreffen. Mit einem Börsencrash ist es allerdings ähnlich wie mit einem Erdbeben: Oft gibt es vorher Hinweise auf das bevorstehende Ereignis, doch trotzdem man weiß nie genau, wann es passieren wird – morgen oder erst in ein paar Jahren. Wie die vergangenen Krisen gezeigt haben, kann man auch nicht eine einzelne Volkswirtschaft oder einen einzelnen Wirtschaftsraum isoliert vom Rest der Welt sehen.

*Hinweis:
Die Warnsignale für einen Börsencrash wurden in der ursprünglichen Fassung von "Spekulatius" auf Basis von Artikeln der Commerzbank sowie der Geldzeitung in den 1990er Jahren zusammengetragen.

1. Liquiditätsverknappung
    Liquidität ist für das Funktionieren unserer Wirtschaft wichtig. Von einer Liquiditätsverknappung spricht man normalerweise, wenn die Wachstumsrate der Geldmenge M3 unter 5 % fällt.

Die Geldmenge M3 ist die Summe aus umlaufendem Bargeld, Einlagen auf Girokonten, Einlagen und Schuldverschreibungen mit einer Laufzeit von bis zu zwei Jahren, Geldmarktpapieren und Spareinlagen etc. mit bis zu dreimonatiger Kündigungsfrist. M3 wird monatlich von der Bundesbank veröffentlicht. Oft wird eine Liquiditätsverknappung durch hohe Zinsen ausgelöst, 2010 war sie jedoch eine Folge der Finanzkrise - die Banken vergeben zu wenig Kredite an andere Banken und an die Wirtschaft. Dem wiederum versucht die EZB mit niedrigen Zinsen für die Banken (Stichwort "Liquiditätsversorgung") entgegenzuwirken.

2. Konjunkturüberhitzung
Steigt die Industrieproduktion im Jahresvergleich um mehr als 8 %, spricht man von einer Konjunkturüberhitzung. Die Zahlen zur Konjunktur werden monatlich vom Statistischen Bundesamt veröffentlicht.

3. Zinswende
Steigt die Rendite 10-jähriger Anleihen über 6,2 %, kann das eine Zinswende einläuten.
Dieses Signal gilt für Phasen, in denen die Zinsen ständig gestiegen sind. Hohe Zinsen haben eine Bremswirkung auf die Konjunktur. Aktuell liegt die Rendite 10-jähirger Anleihen in Deutschland mit ca. niedrig. Die Europäische Zentralbank (EZB), die US Notenbank und die Bank of England halten die Zinsen niedrig, indem sie den Leitzins niedrig halten, um die Erholung der Wirtschaft zu fördern. In den Rohstofflieferanten- und Schwellenländern wird dagegen mit Zinserhöhungen einer Überhitzung entgegengewirkt. Die Gefahr für die langsamer genesenden Wirtschaftsräume: Zuviel Kapital könnte in Länder mit höheren Zinsen abfließen, zudem dort die Wachstumsaussichten besser sind.

4. Ertragsenttäuschungen
An der Börse wird die Zukunft gehandelt. Egal, wie gut die Ergebnisse der Unternehmen sind: Wenn die Erwartungen

der Anleger höher liegen und enttäuscht werden, kann das gravierende Kursrutsche bis zu Lawinen auslösen.

5. Inflation
Wird der Wert des Geldes um mehr als 2,5 % im Jahr weniger, spricht man von Inflation. Inflation wiederum sorgt für Unsicherheit und führt je nach Stärke der Inflation zu einem Funktionsverlust des Geldes.

6. Aktien zu hoch bewertet
Ein Maß für die Bewertung einer einzelnen Aktie ist der KGV (Kurs-Gewinn-Verhältnis). Je stärker der Kurs steigt, desto höher wird auch der KGV. Steigt der durchschnittliche KGV über 23 kann man von einer Überbewertung auf dem Aktienmarkt ausgehen.

7. Übergroßes Aktienangebot
Es ist ein Warnsignal, wenn immer mehr Firmen an die Börse gebracht werden (Neuemissionen) oder das Kapital vorhandener Firmen aufgestockt wird (Kapital-erhöhungen). Ende der 1990er Jahre gab es Neuemissionen und Kapitalerhöhungen ohne Ende. Das war ein Zeichen dafür, dass die Stimmung viel zu optimistisch war und den Anlegern das Geld zu locker in den Taschen saß - was die Unternehmen zur Geldbeschaffung nutzen. Jeder Boom hat einmal ein Ende oder entpuppt sich oft genug als geplatzte Blase.

8. Kursexplosionen
Steigen die Preise unaufhörlich und wird ohne Rücksicht auf Qualität einfach alles gekauft oder gezeichnet (Neuemissionen), ist das mit großer Wahrscheinlichkeit ein Hinweis auf eine Spekulationsblase, die dann auch jederzeit platzen kann.

9. Zu große Euphorie
Ist jedermann euphorisch - Börsenbriefe, Analysten und auch die Bild-Zeitung sehen alles rosarot - und will jeder an der Börse dabei sein und nimmt sogar Kredite auf, ist in kurzer Zeit alles verfügbare Geld investiert, der Nachschub fehlt und bei einem kleinen Schubs, kommt das ganze Fantasiegebilde ins Wanken bzw. platzt die Blase.

10. Starke Euro-Abwertung

Fällt der Euro kontinuierlich aufgrund eines Glaubwürdig-keitsverlust des "Inlandes", kann es durch die steigenden Importpreise zu Auswirkungen auf das inländische Preisniveau kommen - das wird auch importierte Inflation aufgrund von Währungsabwertungen genannt.

Ein niedriger Euro führt zunächst zu besseren Absatzchancen beim Export, was durchaus auch eine wirtschaftsankurbelnde Wirkung hat, solange es nicht zur importierten Inflation führt.

Viele der zur Beurteilung wichtigen Daten findet man auf den Internetseiten der Deutschen Bundesbank.

Crash / Baisse / Konsolidierung*

*Hinweis: Diese Informationen wurden in der ursprünglichen Fassung von Spekulatius 1999 zusammengetragen.

Wenn die Indizes nicht mehr steigen wollen, gibt es drei Szenarien, mit denen man konfrontiert werden kann:

1. Schlagartig stark fallende Kurse (Crash)
2. Rückläufige Kurse (Baisse)
3. Gleichbleibende Kurse (Konsolidierung / Korrektur / Seitwärtsbewegung)

Szenario 1 – Crash

Wenn die Euphorie auf dem Höhepunkt ist, ist die Crashgefahr am höchsten. Ohne vorherige Euphorie ist ein Crash nur bei schwerwiegenden Nachrichten, wie Tod eines Staatsoberhauptes, Kriegsausbruch, Atomunfall etc. möglich.

Hat man im Crash Aktienbestände, dann kann man es nicht mehr ändern und sollte die Positionen durchhalten. Qualität erholt sich erfahrungsgemäß recht schnell wieder. Das gilt zumindest für Wachstumswerte.

Anders sieht es bei zyklischen Titeln (Aktien, die besonders konjunkturabhängig sind) aus. Diese werden wohl stark betroffen sein und man muss individuell entscheiden, ob es sich lohnt, sie zu halten oder man sie nicht lieber verkauft.

Eine Ausnahme sind Goldminen-Aktien. Sie werden zwar auch vom Crash betroffen sein, weil die "Zocker" ihre Kredite eindecken müssen, aber anschließend gibt es oft einen Run auf diese Werte. Gold ist ein Sachwert und Goldminen sind Sachwerte, die auch noch Dividende abwerfen. Andererseits sind Goldminen stark zyklisch - also kauft man sie nicht um jeden Preis. Sie sollten schon ein angemessenes Preisniveau haben. Zu beachten ist auch, dass die Mechanik des steigenden Gold-/Goldminenpreises, bei fallenden Aktienindizes, nicht mehr zuverlässig funktioniert. Gold hat nicht mehr den Stellenwert und die Aufgabe wie zu früheren Zeiten. Auch die Mechanik des steigenden Dollarkurses bei fallendem Goldpreis, und umgekehrt, ist nicht sicher. Der Goldpreis kann auch durch Goldverkäufe der Notenbanken stark bewegt werden.

Ist man beim Crash nicht investiert, hat man doppelt Glück: Die Kursverluste haben die Ergebnisse nicht geschmälert und man hat die seltene Gelegenheit, wirklich günstig einsteigen zu können. Das sind eindeutige Kaufgelegenheiten! Jedoch hat man Zeit, da die überwiegende Zahl der Anleger noch eine Weile passiv bleiben wird. Keine Käufe überstürzen! Die Aktienfonds werden wahrscheinlich ihre Aktien nicht auf einmal, sondern gestaffelt verkaufen. Also ist es meist so, dass der Crash nicht an einem Tag vollzogen sein wird, sondern "Nachbeben" haben wird.

Ist man wirklich sicher, dass ein Crash kommt, kann man – als erfahrener Anleger - auch Put-Optionsscheine (Aktienputs oder Indexputs) kaufen. (*Puts sind eine Art „Wettscheine" auf fallende Kurse und sehr gefährlich).* Liegt man richtig, macht man damit bei fallenden Kursen satte Gewinne. Da man aber eigentlich nie ganz sicher sein kann, sollte immer auch nur ein sehr geringer Anteil des Vermögens in Puts - bzw. Optionsscheine aller Art - investiert werden – wenn man nicht lieber ganz auf solche Wetten verzichtet.

Szenario 2 – Baisse

Nach jeder Hausse (Aufwärtstrend) folgt eine Baisse (Abwärtstrend). Die Schwierigkeit besteht nur darin, den Anfang der Baisse bzw. das Ende der Hausse zu erkennen. Das Ende eines Aufwärtstrends ist dann wahrscheinlich, wenn die Mehrzahl der Börsenteilnehmer zu optimistisch ist. Aber es gibt natürlich auch unberechenbare marktpsychologische Prozesse. Wenn aber schlechte Konjunkturdaten positiv geredet werden, dann ist das ein ernst zu nehmendes Alarmsignal:
Wenn "Lieschen Müller" in Aktien geht und sogar die Bild-Zeitung über fantastische Gewinnmöglichkeiten an der Börse schreibt, dann ist äußerste Vorsicht geboten. Wenn die Börsenteilnehmer aufhören, rational zu denken, wenn der gesunde Menschenverstand ausgeschaltet ist, wenn Unternehmensgewinne prozentual auf die nächsten zwei, drei oder noch mehr Jahre hochgerechnet werden, wenn ein großer Teil des Publikums Aktienbestände aus Kreditmitteln kauft, dann steht die Baisse - wenn nicht sogar ein Crash - vor der Türe.

Ist man sich sicher, dass die Baisse kurzfristig bevorsteht (egal, was alle anderen denken), verkauft man seine Bestände in der Hoffnung, diese zum Ende der Baisse wieder billiger zurückkaufen zu können. Aber im Grunde kann man sich nie sicher sein, wo man gerade steht. (*Es wäre ein Traum gewesen, Anfang 2000 zu verkaufen und 2003 die bewährten Firmen zurückzukaufen. Aber eines ist an der Börse ziemlich sicher: Den besten Zeitpunkt trifft man so gut wie nie*).

Hält man eine Baisse für möglich, ist aber nicht sicher, gibt es die Kompromisslösung: Man verkauft einen Teil seiner Bestände. Wie groß dieser Anteil ist, richtet sich nach der Höhe der vermuteten Wahrscheinlichkeit.

Als Erstes müssen dann die zyklischen (konjunktur-abhängigen) Titel und die absoluten Nebenwerte aus dem Depot, weil diese das höchste Rückschlagspotenzial haben. Sollen Wachstumswerte verkauft werden, dann zuerst die Verlierer - die Gewinner sollte man nur bei sehr großer Baisse-/Crash-Wahrscheinlichkeit verkaufen.

Gewinnmitnahmen aus Angst vor der Baisse lohnen sich bei den Erfolgs-/Wachstumspapieren meist nicht, da diese Gewinner auch nach der Baisse oder dem Crash in der Regel wieder gut laufen werden. Man behält sie also. Verlust-verursacher bringen aber meist weitere Verluste und werden dann zu Depotleichen (die man dann gar nicht mehr verkauft, weil der Kurs schon so stark nachgegeben hat – *der Psychologe hat dafür vielleicht Verständnis, aber klug ist das nicht*). Man wird sogar doppelt bestraft. Das Kapital für erfolgreichere Neuinvestments fehlt, da es in schlechten Depotpapieren gebunden ist.

Szenario 3 – Konsolidierung/ Korrektur/ Seitwärts-bewegung

Alle drei Begriffe meinen dasselbe: weder Hausse noch Baisse. Eine Konsolidierung kann einer Hausse folgen, bevor die Baisse eintritt oder einer Baisse folgen, bevor die Hausse eintritt. Sie kann jedoch auch eine Verschnaufpause während einer Hausse oder Baisse darstellen. Konsolidierungen müssen sein, um Überhitzungen vorzubeugen.

Bei einer Seitwärtsbewegung nach einer Hausse gilt es also festzustellen, ob es sich um die Vorstufe einer Trendumkehr handelt oder ob nur eine Pause im intakten Trend eingelegt wird. Dazu muss man das Umfeld begutachten. Wie entwickeln sich die Zinsen, die Liquidität, die Konjunktur, die

Arbeitslosenzahlen usw.? Je nachdem, zu welchem Ergebnis man kommt, muss man unterschiedlich handeln.

Ist die Euphorie nicht so übertrieben wie weiter oben beschrieben und sind die Marktteilnehmer noch nervös und "Bullen" und "Bären" zu etwa gleichen Anteilen zu finden, dann handelt es sich mit großer Wahrscheinlichkeit um eine Pause im Aufwärtstrend. Umgekehrt, während einer Baisse, wenn nicht der totale Pessimismus vorherrscht und die Teilnehmer eher unentschlossen sind, dann ist der Abwärtstrend noch intakt und legt nur eine Pause ein, um dann seinen Verlauf nach unten fortzuführen.

In beiden Fällen besteht kein Handlungsbedarf, denn man hat ja bereits vorher auf Hausse oder Baisse disponiert, liegt also richtig und lässt den Trend weiterlaufen.

Handelt es sich jedoch um eine Zwischenstation zur Trendwende, dann sollte man handeln. Folgt nach permanenten Kursanstiegen das oben beschriebene, übertrieben euphorische Börsianerverhalten und die Kurse wollen seit einiger Zeit nicht mehr weiter steigen, dann ist mit einer Seitwärtsbewegung zu rechnen, die in einer Baisse endet.

Umgekehrt, wenn die Umsätze extrem niedrig sind, die Kurse seit geraumer Zeit nicht weiter fallen, die Stimmung auf dem Tiefstpunkt verharrt, dann hat man es wohl mit einer Korrektur zu tun, die in einer Fortführung der Hausse endet.

Da es mitunter extrem schwierig ist, die einzelnen Börsenphasen zu identifizieren, zumal es immer wieder auch undefinierbare Verhaltensmuster gibt, ist man vor Überraschungen nie ganz sicher. Deshalb hat es sich bewährt, möglichst nur Wachstumswerte mit allerbester Qualität und guter Streuung ins Depot zu nehmen. Die Streuung sollte nicht nur branchenmäßig, sondern auch geografisch erfolgen. Solch ein Depot kann notfalls eine Baisse lang durchgehalten werden und die Gewinne werden sich bald wieder einstellen und nach einiger Zeit werden sogar mit etwas Glück die alten Höchstkurse übertroffen werden. Wenn sich die Stimmung gebessert hat, kann man die Minen verkaufen, Wachstumswerte würde man dagegen halten.

Liquidität

Ein wirklicher Feind der Börse ist mangelnde Liquidität (verfügbares Bargeld) am Markt. Diese wird meist durch steigende Zinsen verursacht. Also sollte man unbedingt auf die Zinsentwicklung achten (Veränderungen der Leitzinsen durch die Notenbanken werden in Börsennachrichten veröffentlicht), wobei Anhebungen von 0,25 oder auch 0,50 % nicht ganz so starken Einfluss haben, es sei denn, das Publikum erwartet schon bald die nächste Zinserhöhung.

Liquidität spielt aber auch in der eigenen Anlagestrategie eine große Rolle. Hat man in einer Korrekturphase („wenn die Kanonen knallen") Geld, das man einsetzen kann, dann kann man günstig einkaufen, sobald man meint, der Boden der Korrektur sei gefunden. In solch einer Situation braucht es zum Einkaufen allerdings Mut, besonders wenn der Buchwert des Depots schon gehörig gelitten hat.

Irgendwann, wenn der ganze Spuk der Baisse/des Crashs vorüber ist und die Indizes wieder von einem Hoch zum nächsten eilen, sollte man allerdings nicht vergessen, wieder Liquidität zu schaffen, indem man etwas verkauft.

Börsenweisheiten

An der Börse gibt es für jede Gelegenheit den passenden Spruch. Manche der Sprüche haben einen Sinn, andere nicht unbedingt und nicht jeder Spruch passt in jedem Moment zu jeder Strategie. Außerdem widersprechen sich die Börsenweisheiten teilweise. Damit Sie sie kennen, hier die wichtigsten:

Wenn die Wall Street hustet, kriegen die anderen Börsen einen Schnupfen.
Die größte amerikanische Börse (die New York Stock Exchange, welche sich in der Wall Street in Manhattan befindet) ist die Leitbörse der Welt. Ist sie „verstimmt", wirkt sich das auch an den anderen Börsen aus.

„Ich versuche nie, mit Aktien (schnell) Geld zu verdienen. Ich kaufe in der Überzeugung, dass die Börse am nächsten Tag für fünf Jahre schließen könnte." (Warren Buffett)
Warren Buffetts Langfriststrategie und sein Auswahlverfahren zur Erkennung der Aktien mit dem bestimmten „inneren Wert" zum richtigen Preis machen ihn zum erfolgreichsten Börsianer der Welt. Seine Strategie findet man in vielen Büchern beschrieben.

Nicht in ein fallendes Messer greifen!
Nur weil sich eine Aktie im Wert bereits halbiert hat, heißt das nicht, dass sie sich nicht noch einmal halbieren könnte.

Kaufen, wenn die Kanonen donnern!
Dann, wenn keiner mehr Vertrauen in die Börse hat und die Börsenstimmung auf dem Tiefpunkt ist, kann man Schnäppchen kaufen (aber man sollte auf Qualität achten). Da man ja nicht weiß, wie tief es vielleicht noch geht, widerspricht diese Aussage dem Spruch "Nicht in ein fallendes

Messer greifen". Ein Ausweg: zuerst nur einen Teil des geplanten Wertpapierpakets ordern, je nach Entwicklung dann später nachordern.

Hin und her macht Taschen leer

Aktien steigen im Zickzackkurs. Besonders als Anfänger versucht man gerne und immer wieder, möglichst tief einzusteigen (und verpasst dadurch oft genug den Anschluss) oder möglichst hoch vor einem Kursrückgang rauszukommen. Aber niemand schafft das regelmäßig. Untersuchungen haben gezeigt, dass man mit diesem Hin und Her mehr verpasst als gewinnt. Für den Langfristanleger ist es fast egal, ob die Aktie ein bisschen mehr oder weniger gekostet hat. Und wer langfristig anlegt und auch mal ein Börsental durchsteht, der spart Gebühren, erntet Dividenden, verpasst keinen Kursanstieg und schont seine Nerven. Eine Alternative ist, den Kauf oder Verkauf in Etappen über Teilkäufe/-verkäufe durchzuführen.

Gewinne laufen lassen / the trend is your friend

Irgendwie tendieren fast alle Menschen dazu, gut gehende Aktien zu verkaufen (damit ihnen niemand mehr den Kursgewinn streitig machen kann) und schlecht laufende Aktien zu halten und zu hoffen, dass sie noch die Erwartungen erfüllen werden. Es hat sich aber gezeigt, dass Aktien, die gestiegen sind und gut laufen, meist auch weiterhin gut laufen. In der Regel fährt man besser, in guten Aktien drin zu bleiben und notfalls auch mal durch ein Tal mitzugehen, dafür aber schlecht laufende Aktien zu verkaufen.

An der Börse gibt es nur Schmerzensgeld - erst kommen die Schmerzen, dann das Geld (André Kostolany)

Die Kurse steigen am Tag nach dem Kauf einer Aktie selten so, wie man es sich erhofft, sondern manchmal braucht man mit seinen Anlagen einige Geduld und Nerven. Daher wiederholte Kostolany auch immer wieder seinen Rat, sich außer Aktien auch gleich Schlaftabletten zu kaufen und lange zu schlafen.

Unterm Strich muss es stimmen

Meine eigene Börsenweisheit möchte ich an dieser Stelle auch noch hinzufügen: Unterm Strich muss es stimmen.

Wenn Sie fünf Aktien im Depot haben, und sich davon zwei kaum verändern, eine ein wenig steigt, eine wie eine Rakete nach oben schießt und eine ins Minus fällt, dann haben Sie ein sehr gutes Ergebnis erzielt.

Es ist unwahrscheinlich, dass jede Ihrer Investitionsideen ein Hit wird, aber die Hauptsache ist, dass es unterm Strich stimmt. Und falls Sie wirklich einmal etwas verkaufen müssen, dann nehmen Sie die Verliereraktie raus, denn „Gewinne muss man laufen lassen".

Börsenjargon

Sind Sie Bulle oder Bär?

Nein, Sie sind nicht im Zoo, sondern an der Börse. Und der Bulle symbolisiert den optimistischen Börsianer bzw. eine positive Börsenstimmung, der Bär dagegen denjenigen, der mit Kursverlusten rechnet. Man kann sich das so merken: Der Bär haut mit der Tatze nach unten (drückt die Kurse – Baisse), der Stier wirft die Kurse mit den Hörnern nach oben (hebt die Kurse – Hausse).

Weitere Ausdrücke, die man häufig liest und hört:

Die Börse ist freundlich

Das bedeutet, die Kurse steigen leicht.

Die Börse ist fest

Die Kurse steigen mehr als 1 %.

Der Kurs ist explodiert
Der Kursanstieg ist über 5 %.

Die Börse ist behauptet
Die Kurse bleiben gleich trotz schlechter Nachrichten.

Die Kurse geben nach
Kursverluste bis ca. 1 %.

Börse und Ethik

Im Film "Wall Street" sagt der brave, anständige Vater
(Gewerkschaftsmitglied) zu seinem auf Abwege geratenen
Sohn (Klischee geldgieriger Yuppie, aber nicht durch und
durch schlecht), nachdem dessen schräge Börsengeschäfte
mit Gordon Gecko geplatzt sind und beide eine
Gefängnisstrafe in Aussicht haben: "Hör doch auf mit der
Suche nach dem schnellen Geld und mach was aus deinem
Leben" (so oder so ähnlich drückt er sich aus).

Aber müssen Börsengeschäfte und Ethik Gegensätze sein?
Muss man als Börsianer einen schlechten Charakter haben,
der gerne andere über das Ohr haut, dessen einziges
Lebensziel Geld ist (und Geld verdirbt den Charakter)? Erwirbt
man sich denn nur mit einem (Lohn-) arbeitsreichen Leben
und einem bescheidenen Sparbuch einen Platz im Himmel?

In meinem Umfeld wurde ich auch immer wieder mit
merkwürdigen Blicken bedacht, wenn die Rede auf meine
Börsenaktivitäten kam. Geld verdienen wollen, noch dazu
ohne "richtige" Arbeit, ist etwas Unanständiges und zeugt von
einem geldgierigen, schlechten Charakter. "Geld ist die Wurzel
allen Übels", "Geld verdirbt den Charakter", "die Reichen sind
nur reich, weil sie den Armen das Geld weggenommen oder
sie ausgebeutet haben". Das sind die Sprüche, die wir von
klein auf hören.

Natürlich habe ich mir selbst auch überlegt, ob ich meine Börsenaktivitäten vor mir und meinem Gewissen vertreten kann oder nicht. Daher ein paar kleine Gedanken, die sicher das Thema nicht voll umreißen.

Mal angenommen, ich lege 10.000 Euro für 20 Jahre auf ein Sparbuch mit einem Prozentsatz von 4 % (davon kann man aktuell leider nur träumen, aber als es diese hohen Prozentsätze noch gab, war die wertfressende Inflation auch viel höher als heute). Dann bekomme ich nach Ablauf der Zeit 21.910 Euro. Das hört sich nicht schlecht an. Mit Investitionen in Aktien erzielt ein Anleger etwa 10 % Rendite pro Jahr und macht in 20 Jahren aus 10.000 Euro 96.460 Euro. Bei 15 % Rendite wären es sogar 163.670 Euro. Zwischen den 4 % und den 15 % liegen also etwa 140.000 Euro. Wenn ich mein Geld auf ein Sparbuch lege, dann macht die Bank damit Geschäfte, gibt mir 21.910 Euro und behält die restlichen 140.000 Euro für sich. Im Grunde ist mein Geld in Geschäfte involviert (und ich weiß nicht, ob damit Atomkraftwerke und Waffenproduktion unterstützt werden), aber die Bank verdient das Meiste daran. Um dem System zu entgehen, müsste ich die 10.000 Euro 20 Jahre lang unter die Matratze legen, hätte dann aber am Ende nur 10.000 Euro.

> Wenn Sie selbst bestimmen möchten, in welche Länder, Technologien und Firmen Ihr Geld investiert werden soll, kommen Sie dem näher, wenn Sie selbst an der Börse aktiv werden.

Meine Entscheidung fiel daher folgendermaßen aus: Lieber mache ich die Börsengeschäfte selbst, das erste Kapital sind die 2.300 Euro, die ich eigentlich für eine Kücheneinrichtung gespart hatte. Ich entscheide lieber selbst, welchen Firmen ich mein Geld zur Verfügung stelle und behalte auch die Rendite daraus für mich bzw. vergebe sie so, wie ich das für richtig halte.

"Geld ist die Wurzel allen Übels", sagt das Sprichwort. Aber ist dem so? Gibt Geld einem nicht die Freiheit, das zu tun, was man tun möchte, was einem am Herzen liegt und womit man die Welt bereichern kann? Nur wer Geld hat, kann es ausgeben und damit anderen Arbeit geben, soziale, künstlerische oder Umwelt-Projekte realisieren oder es spenden. Geld ist meiner Meinung nach das, was man daraus macht.

Mein persönliches Fazit: Wer viel hat, kann auch viel geben. Und wer wirklich "reich" sein will, der muss in jeder Hinsicht wachsen, vor allem in Bezug auf seinen Charakter, und Geben lernen, von seinem Geld, seinem Wissen und Mitgefühl. Meine Meinung: Geld ist Mittel zum Zweck und so gut, wie die Hände, in denen es sich befindet.

Börsenlexikon - die wichtigsten Begriffe

Aktien
Aktien sind Wertpapiere, die bescheinigen, dass jemand Teilhaber einer Aktiengesellschaft (AG) ist.

Aktienanleihen
Nicht zu verwechseln mit Aktien. Aktienanleihen gehören zu den Zertifikaten. Sie sind spekulative Geldanlageprodukte, die mit hohen Zinsen locken und mit hohem Verlustrisiko behaftet sind.

Aktienfonds
Ein Aktienfonds ist ein Fondsvermögen, das von einer Fondsgesellschaft ursprünglich ausschließlich in Aktien investiert wurde. Heute werden jedoch oft neben Aktien auch Swaps, Derivate etc. integriert. Als Anleger kann man Anteile an einem Aktienfonds erwerben.

Aktiengesellschaft (AG)
Eine Aktiengesellschaft ist ein Unternehmen mit vielen Teilhabern (Aktionären), die zwar Geldgeber sind, aber nicht persönlich für die Schulden der AG haften. Die Organe der AG sind der Vorstand (Leitung der Gesellschaft, Geschäftsführung), der Aufsichtsrat (soll die Geschäftsführung überwachen) und die Hauptversammlung (beschließendes Organ = alle Aktionäre).

Aktienindex
Börsenbarometer, das anzeigt, ob die Börse steigt oder fällt. In einem Index ist meist eine Gruppe von Aktien zusammengefasst. Siehe auch DAX, Dow Jones, Euro Stoxx.

Antizyklisch

Antizyklisch verhält man sich, wenn man dann kauft, wenn alle anderen verkaufen, und umgekehrt. Das Gegenteil ist prozyklisch.

Ask

(Asked Price): englische Bezeichnung für Briefkurs. Preis, zu welchem eine Aktie zum Kauf angeboten wird. Gegenteil: Bid

Aufsichtsrat

Organ der Aktiengesellschaft zur Kontrolle des Vorstandes

Außerbörslicher Handel

Wertpapierhandel, der außerhalb der regulierten Börsen praktiziert wird.

Baisse

Über eine längere Zeit anhaltende abwärtsgerichtete Börsenentwicklung

Belegschaftsaktien

Aktien, die an die Mitarbeiter meist zu einem günstigeren Preis ausgegeben werden. Belegschaftsaktien sollen motivieren und die Mitarbeiter an die Firma binden.

Bilanz

Gesetzlich vorgeschriebene Auflistung des Anlage- und Umlaufvermögens und wo es herkommt (ob Eigenkapital oder Fremdkapital)

Bid

Englische Bezeichnung für den Geldkurs. Preis zu welchem Kaufinteresse besteht. Gegenteil: Ask

Blue-Chip-Aktien
Aktien erstklassiger Unternehmen, die meist auch im größten Landesindex enthalten sind, also z. B. im Dow Jones oder im DAX. In Deutschland sagt man auch Standardwerte.

Börsentendenz, Börsentrend
Die Richtung, welche die Börse eingeschlagen hat - nach oben, nach unten, seitwärts

Bonität
Bonität ist ein anderes Wort für Kreditwürdigkeit, also die Fähigkeit und Willigkeit eines Schuldners, aufgenommene Schulden zurückzuzahlen.

Briefkurs
Wie Ask (Asked Price): englischsprachige Bezeichnung für Briefkurs. Preis, zu welchem eine Aktie zum Kauf angeboten wird. Gegenteil: Bid

CFD
CFD/CFDs (Contracts for Difference, Differenzkontrakte) sind hochspekulative, gehebelte Finanzprodukte - nur für sehr erfahrene, risikobereite Anleger.

Chart
Grafische Darstellung der Kursverläufe von Aktien, Indizes u. ä. Charts sind der Ausgangspunkt für die Chartanalyse.

Dachfonds
Fonds, der in mehrere Fonds investiert

DAX
Deutscher Aktienindex. Enthalten sind die 30 umsatzstärksten deutschen Aktien

Depot
Verwahrung und Verwaltung von Wertpapieren von Kunden durch die Banken u.a. Kreditinstitute

Derivate
Derivate sind über Verträge geregelte "Geldanlageprodukte" (Wertpapiere oder Kontrakte), deren Wertentwicklung von einem Basiswert abhängt und meist auch einen Hebel beinhaltet. Der Basiswert kann z. B. ein Aktienkurs, ein Rohstoffpreis, ein Index oder ein Ereignis sein. Sehr risikoreich.

Discount Broker
So werden die Banken genannt, die für den Wertpapierhandel (Brokerage) niedrigere Gebühren verlangen als sonst (Filialbanken) üblich. Sozusagen die Aldis unter den Banken, die Wertpapierhandel ermöglichen. Dafür muss man aber auch auf Beratung und sonstige Serviceleistungen verzichten. „Direct Brokerage" meint das Gleiche.

Dividende
Gewinnanteil auf eine Aktie

Diversifikation
Risiko streuen. Nicht alles, was man hat, in Aktien investieren. Im Depot nicht alles auf eine Aktie, sondern auf verschiedene Branchen, Länder, Risikoklassen usw. verteilen.

Dow Jones

Es gibt mehrere Dow-Jones-Aktienindizes. Mit dem Dow-Jones-Index ist jedoch in der Regel der Dow Jones Industrial Average gemeint. Er ist der bedeutendste amerikanische Aktienindex und enthält 30 Aktien. Diese 30 Aktien repräsentieren ein Fünftel des Marktwertes aller U.S. Aktien. Viele Informationen über die Dow-Jones-Indizes und vor allem den Dow Jones Industrial Average gibt es bei http://averages.dowjones.com/.

Effekten

Altes Wort für Wertpapiere

Emerging Markets

Aufstrebende Märkte in den sogenannten Schwellenländern. Chancen- und risikoreich. Für spekulative Anleger und/oder als Einstreuung ins Depot zu empfehlen

ETC

Nicht verwechseln mit ETF. ETCs steht für exchange-traded commodities (börsengehandelte Edelmetalle/Rohstoffe). Es sind besicherte Schuldverschreibungen, die die Wertentwicklung eines Rohstoffes nachbilden und an der Wertpapierbörse gehandelt werden. Die Konstruktionen sind sehr unterschiedlich und teilweise hochspekulativ.

ETF

ETF (exchange-traded funds) sind Investmentfonds/Aktienfonds, die an der Börse gehandelt werden. Viele bezeichnen nur börsengehandelte Investmentfonds, die auf einem Index (z. B. dem DAX) basieren, als ETF. Aber es gibt auch gemanagte Fonds, die an der Börse gehandelt werden.

Euro Stoxx

Der Euro Stoxx 50 ist ein Aktienindex, der die 50 größten börsennotierten europäischen Unternehmen der Eurozone beinhaltet.

Festgeld
Festgeld wird auf ein Festgeldkonto für eine bestimmte Laufzeit eingezahlt und mit einem vereinbarten Zinssatz verzinst. Das Geld ist während der Laufzeit nicht verfügbar.

Geldkurs
Bid. Preis, zu welchem Kaufinteresse besteht. Gegenteil: Ask

GFK
GfK (Gesellschaft für Konsumforschung) ist der Name des Marktforschungsunternehmen, das den Konsumklimaindex (KKI) veröffentlicht. GFK wird daher oft synonym für den KKI gebraucht.

Hauptversammlung
Treffen aller Aktionäre einer Aktiengesellschaft oder deren Vertreter einmal im Jahr

Hausse
Phase steigender Börsenkurse

Hedgefonds
Hedgen heißt absichern. Für das Absichern wurden Finanzinstrumente mit starker Hebelwirkung geschaffen. Hedgefonds nutzen diese hochspekulativen Instrumente (Derivate, Leerverkäufe, Fremdfinanzierung etc.) als Anlageprodukt mit dem Ziel der Gewinnmaximierung. Wie immer bedeutet hohe Chance auch hohes Risiko. Hedgefonds im UCITS-III-Mantel sind Hedgefonds, die entsprechend einem europäischen Rechtsrahmen (UCITS bzw. OGAW) Stand III investieren.

Index
Börsenbarometer, das anzeigt, wie eine bestimmte Gruppe von Aktien tendiert, siehe DAX, Dow Jones, Euro Stoxx

Indexzertifikat
Ein Indexzertifikat bildet einen Index ab. Als Basiswert dient ein Aktien-, Wertpapier- oder Rohstoffindex. Indexzertifikate können wie Aktien geordert werden. Indexzertifikate sind im Gegensatz zu Fondsvermögen bei Insolvenz des Herausgebers nicht als Sondervermögen geschützt.

Inflation
Unter Inflation versteht man eine Entwertung des Geldes - sie zeigt sich in der Erhöhung der Preise. Man kann für das gleiche Geld weniger kaufen als vorher. Gemessen wird die Inflation als Inflationsrate in Prozent.
Tipp: Mit einem Mix aus Aktien/Aktienfonds und Zinspapieren ist man vor den Auswirkungen der Inflation (Geldentwertung) als Privatanleger am besten geschützt [siehe auch Finanztest 7/2010].

IPO
Börsengang, Emission. Wenn eine Aktiengesellschaft ihre Aktien an die Börse bringt

Kapitalerhöhung
Wenn eine Aktiengesellschaft, die bereits an der Börse ist, neue Aktien herausgibt, um mehr Geld für neue Vorhaben zu erhalten

Kurs-Gewinn-Verhältnis (KGV)
Aktueller Börsenkurs dividiert durch das geschätzte Ergebnis je Aktie für das laufende oder das Folgejahr. Ist das KGV einer Firma niedriger als das des Branchendurchschnitts, dann meinen viele, diese Aktie sei unterbewertet und wird bald entdeckt und steigen. Also kaufen sie. Ich persönlich denke bei so einer Aktie eher an einen Ladenhüter, den keiner will. Warum sollte sich das ändern?

Kurs

Der Kurs ist der Preis, den man an der Börse für eine Aktie oder ein anderes Wertpapier zahlen muss. Er wird während der Handelszeiten ständig aus Angebot (Verkaufsorders) und Nachfrage (Kauforders) errechnet.

M-Dax

Deutscher Aktien-Index, in dem 70 Unternehmen der Mittelklasse enthalten sind.

Nasdaq

Amerikanische Technologiebörse. Gleichzeitig die Kurzform für den Nasdaq-Index, der den Kursverlauf der Nasdaq zeigt.

Neuer Markt

War in den Neunzigern ein Marktsegment an der Deutschen Börse für junge Technologie- und Wachstumsunternehmen. Der Neue Markt war ein risiko- und chancenreiches Feld für Investitionen. Viele Firmen sind inzwischen pleite.

Nikkei

Aktienindex der Börse in Tokio

Optionsscheine

Kauf- und Verkauforder für Optionsscheine können - genauso wie bei Aktien - durch Angabe der WKN in einem Ordersystem beauftragt werden. Optionsscheine sind sehr risikoreich, weil ein Hebel eingebaut ist und der Wert zeitabhängig ist. Banken haben gegenüber ihren Brokerage-Kunden bezüglich Optionsscheinen besondere Informationspflichten.

Performance

Leistung: Wie sich ein Anlageprodukt (z. B. Aktie) oder der Depotbestand entwickelt. Die Performance wird meist in Prozent angegeben.

Portfolio

Bestand an Aktien u. a. Wertpapieren, die man im Depot hat.

Prozyklisch

Mit dem Strom schwimmend handeln.

Realtime-Kurse

Früher gab es nur zeitverzögerte Kurse im Internet und im TV, seit Neuestem gibt es verschiedene Kursanbieter, die Kurse fast ohne Zeitverzögerung liefern.

Split

Der Wert einer Aktie wird auf mehrere verteilt (z. B. aus einer Aktie werden vier mit je dem Viertel des vorigen Wertes gemacht). Wird manchmal nach starken Kursanstiegen gemacht, damit sich die einzelne Aktie optisch verbilligt.

Stock Exchange

Englisch für Wertpapierbörse, z. B. New York Stock Exchange (NYSE)

Stop-Loss-Order

Verkaufsauftrag, mit dem größere Verluste verhindert werden sollen. Er besagt, dass eine Aktie verkauft werden soll, wenn ein bestimmter Kurs unterschritten wird. Man sollte allerdings bedenken, dass der Kurs zum nächsten Preis ausgeführt wird, und der kann in einem „Crash" bereits sehr viel niedriger sein. Manche Korrekturen (z. B. nach einer politischen Meldung) dauern aber nur kurz und die Aktie steigt vielleicht am gleichen Tag oder in der gleichen Woche wieder.

Tagesgeld

Tagesgeld ist Geld, das auf einem Tagesgeldkonto liegt und verzinst wird. Auf ein Tagesgeldkonto kann man jederzeit zugreifen - Geld einzahlen oder entnehmen.

Trend

Grundrichtung einer Börse oder eines Indexes

Überzeichnung

Wenn eine Firma neu an die Börse geht (Neuemission) oder neue Aktien verkauft (Kapitalerhöhung), kann man für diese Aktien vorab Kaufaufträge geben (zeichnen). Wenn mehr Interesse besteht als Aktien angeboten werden, dann ist die Aktie überzeichnet.

UCITS-III-Mantel

UCITS steht für Undertakings for Collective Investments in Transferable Securities. Fonds im UCITS-III-Mantel sind Investmentfonds, die entsprechend einem europäischen Rechtsrahmen Stand III in Wertpapiere und andere Finanzinstrumente investieren. Dieser Rechtsrahmen heißt in Deutsch OGAW-Richtlinie (OGAW steht für Organismus für gemeinsame Anlagen in Wertpapiere).

Unterbewertet

Manchmal wird gesagt, eine Aktie sei unterbewertet. Das soll heißen, sie hätte es nach Ansicht des Betreffenden verdient, teurer zu sein. Diese Einschätzung wird häufig aufgrund eines niedrigen Kursgewinnverhältnisses (KGV) gemacht. Man sollte sich dazu eine eigene Meinung bilden, denn wenn man der Einzige bleibt, der die Aktie entdeckt, wird sie nie steigen, egal wie der KGV ist.

Volatilität

Schwankungsbreite. Größe für das Ausmaß von Kursschwankungen. Volatile Aktien haben oft ein hohes Chancen- und Risikopotenzial.

Vorzugsaktie

Bei diesen Aktien verzichtet man auf sein Stimmrecht bei der Hauptversammlung und bekommt dafür sicherere Dividenden zugesagt. Vom Aussterben bedroht.

Wertpapierkennnummer (WKN)

Jedes Wertpapier hat eine Kennnummer, um es eindeutig identifizieren zu können.

XETRA

 XETRA ist das elektronische Handelssystem (Exchange Electronic Trading) der Deutsche Börse AG. Dort werden Aktien, börsengehandelte Fonds, Anleihen, Zertifikate, Optionsscheine etc. gehandelt.

Börseninformationen und Erfahrungsaustausch im Internet

Börseninformationen erhält man über das Internet, Bücher, E-Books, Börsensoftware, Magazine, Zeitungen und Fernsehsendungen.

Informationen im Internet (Beispiele)

Es gibt inzwischen sehr viele Webseiten im Internet, die sich mit dem Thema Börse befassen. Das sind zum Beispiel Informationsseiten von Banken, Zeitungen, Magazinen, Fernsehsendern sowie Portale, die sich über Werbung und/oder kostenpflichtige Serviceangebote finanzieren.

Bei vielen dieser Webseiten erhält man kostenlose oder werbefinanzierte Informationen (ob immer neutral und umfassend, darf bezweifelt werden), Realtime-Kurse (Echtzeitkurse), Charts (grafische Darstellung von Kursverläufen), Börsennachrichten, Analysen und andere Informationen.

Bei einigen Anbietern von Börseninformationen und -dienstleistungen kann man sich eine Depotübersicht online als Portfolio (oder Musterdepot) anlegen und sieht zu jeder Zeit mit einem Klick, wie der aktuelle Depotstand ist und wie die Veränderungen zum Vortag und zum Kaufzeitpunkt sind.

Hier einige Beispiele für interessante Börsenseiten:

Börsenlexika
www.boersenlexikon.de
www.tinto.de/finanzen

Tipps zu Geldanlage und Börse
www.tinto.de/geld
www.finanztip.de/

Börsennachrichten
www.onvista.de/
www.n-tv.de
http://boerse.ard.de/index.html

Börsenkurse/-kennzahlen/-charts für in Deutschland gehandelte Aktien und Fonds
www.finanztreff.de
www.onvista.de
http://boerse.ard.de/index.html

Je nach Anbieter gibt man die Wertpapierkennnummer (WKN) oder den Aktiennamen in das Eingabefeld ein und kann dann viele Informationen einsehen - z. B. die Börsen, an denen diese Aktie gehandelt wird, sowie die aktuellen Kurse an den verschiedenen Börsen.

Kurse an den US-Börsen (in US-Dollar)
http://quote.yahoo.com

In den USA werden keine Wertpapierkennnummern, sondern spezielle Buchstabenkombinationen verwendet. Beispiele:

AMZN	Amazon	MSFT	Microsoft
AAPL	Apple	NOK	Nokia
EBAY	Ebay	ORCL	Oracle
GOOG	Google	QGEN	Qiagen
MCD	McDonald	WMT	Wal Mart

Indizes/Kurse an ausländischen Börsen (in verschiedenen Währungen)
http://de.finance.yahoo.com/m2

Musterdepot, Portfolio-, Depotübersicht
www.finanztreff.de
www.onvista.de

Webseiten mit Börsenforen

www.wallstreet-online.de
www.tinto.de/geld

Seien Sie kritisch bei allen Tipps, die Sie erhalten, denn Sie wissen nicht, welche Absichten der Tippgeber wirklich hat.

Geldanlage- und Börsenblogs

Beste Geldanlage – Blog
http://beste-geldanlage.blogspot.com

ARD Börsenblog
http://blogs.hr-online.de/boersenblog/

Wirtschafts- und Börseninformationen in sonstigen Medien

TV

N-TV (www.n-tv.de)
N24 (www.n24.de)
Bloomberg-TV (www.bloomberg.de)
Deutsche Welle TV (www.dw-world.de)

CNBC (http://www.cnbc.com/)
ist ein amerikanischer TV-Sender. Die Börsensendungen sind sehr gut und ausführlich, allerdings in Englisch und leider nicht überall über Kabel oder Antenne kostenlos zu empfangen.

CNN (http://cnn.com)
ist ein weiterer amerikanischer Sender u. a. mit Börseninformationen.

Aktienkurse u. a. Börseninformationen findet man auch auf den Teletextseiten verschiedener TV-Sender.

Printmedien

Ich empfehle jedem Anfänger, sich ein paar Börsenmagazine zu kaufen und diese in Ruhe zu studieren. Man liest sich ins Thema ein, lernt (und wundert sich) und bekommt „Aktienideen". Doch sollte man auch diese Empfehlungen nicht unkritisch übernehmen, denn auch Analysten und Journalisten der Zeitungen können nicht die Zukunft vorhersagen, obwohl sie gerne so tun.

Empfehlenswerte Finanz- und Börsenmagazine auch für Anfänger sind beispielsweise

- Finanztest (www.test.de) und
- Börse Online" (www.boerse-online.de).

Ansonsten gibt es auch in „Finanzen", „Financial Times Deutschland", „Euro", „Capital"
und anderen Magazinen interessante Informationen für Privatanleger und Kleinaktionäre.

Weitere Informationsquellen sind das "Handelsblatt" und die Wirtschaftsteile der Tageszeitungen, die meist die Aktienkurse und Indizes vom Vortag enthalten.

Gebräuchliche Abkürzungen in Kurstabellen

Hinter den Kursen in den Kurstabellen der Zeitungen und Magazine stehen häufig Zeichen wie b, B, G. Das bedeutet:

- b (oder ohne Zusatz) bedeutet bezahlt
  Zu diesem Kurs ist ein Umsatz zustande gekommen.
- G bedeutet Geld
  Es gab Kaufinteressenten (mit Geld) zu dem Kurs, aber keiner hat zu diesem Preis verkauft.
- B bedeutet Brief
  Es gab Verkaufswillige (Anbieter von Papieren), aber zu dem Kurs, die die wollten, kam kein Umsatz zustande.

Weitere Kurszusätze siehe
www.boersenlexikon.de/kurszusa.htm

Stichwortverzeichnis

in alphabetischer Reihenfolge

Mehr Geldanlage- und Börseninformationen bei

www.tinto.de/geldtipps